Impressum
Verlag: BABADADA GmbH, Nedderfeld 112 , 22529 Hamburg
Geschäftsführer / Verlagsleitung: Harald Hof
Druck: Books on Demand GmbH, In de Tarpen 42, 22848 Norderstedt

Imprint
Publisher: BABADADA GmbH, Nedderfeld 112 , 22529 Hamburg, Germany
Managing Director / Publishing direction: Harald Hof
Print: Books on Demand GmbH, In de Tarpen 42, 22848 Norderstedt

мәктәп

koulu

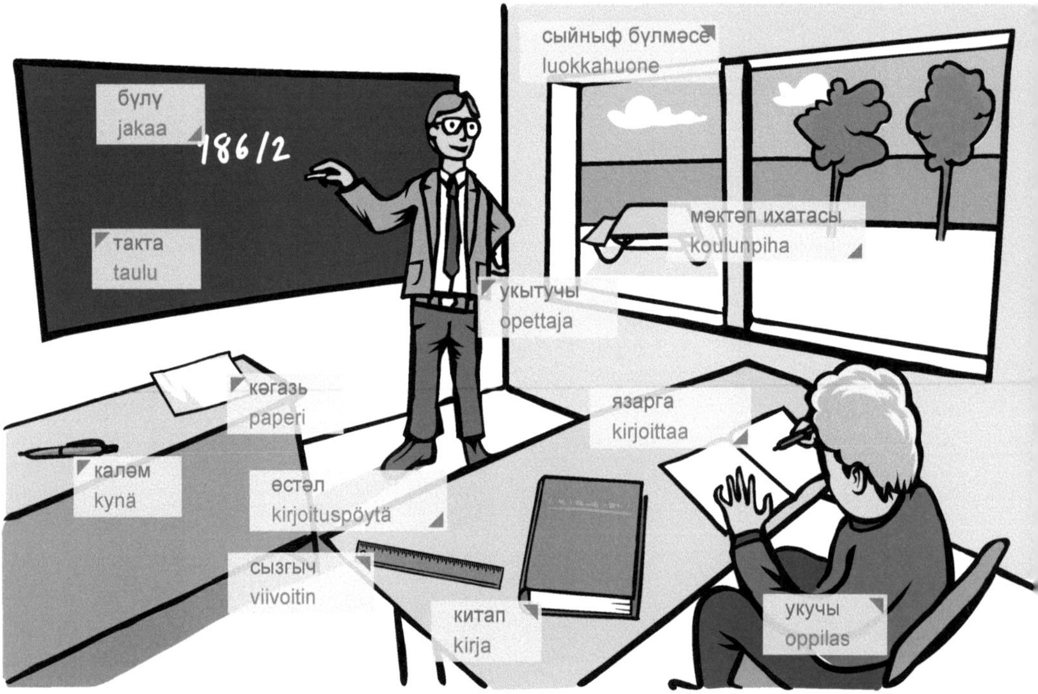

сыйныф бүлмәсе
luokkahuone
бүлү
jakaa
186/2
такта
taulu
мәктәп ихатасы
koulunpiha
укытучы
opettaja
кәгазь
paperi
язарга
kirjoittaa
каләм
kynä
өстәл
kirjoituspöytä
сызгыч
viivoitin
китап
kirja
укучы
oppilas

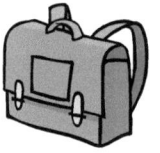

букча

reppu

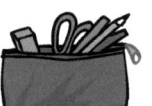

каләмдан

penaali

кырандаш

lyijykynä

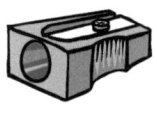

каләм очлагыч

kynänteroitin

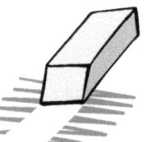

бетергеч

pyyhekumi

рәсем дәфтәре

piirustuslehtiö

рәсем

piirustus

пумала

pensseli

буяулар тартмасы

vesivärit

кайчы

sakset

җилем

liima

дәфтәр

harjoituskirja

өй эше

kotitehtävä

сан

luku

кушу

lisätä

алу

vähentää

тапкырлау

kertoa

исәпләү

laskea

хәреф

kirjain

әлифба

aakkoset

сүз

sana

текст

teksti

укырга

lukea

акбур

liitu

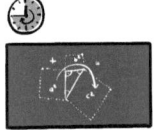

дәрес

oppitunti

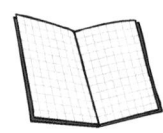

сыйныф журналы

opettajan muistikirja

имтихан

koe

сертификат

todistus

мәктәп формасы

koulupuku

мәгариф

koulutus

энциклопедия

sanakirja

университет

yliopisto

микроскоп

mikroskooppi

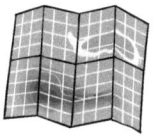

харита

kartta

чүп кәгазь чиләге

roskakori

сәяхәт

matka

кунакханә
hotelli
Grand
хостел
retkeilymaja
ROOMS
валюта бюросы
rahanvaihto
EXCHANGE
баул
matkalaukku
автомобиль
auto

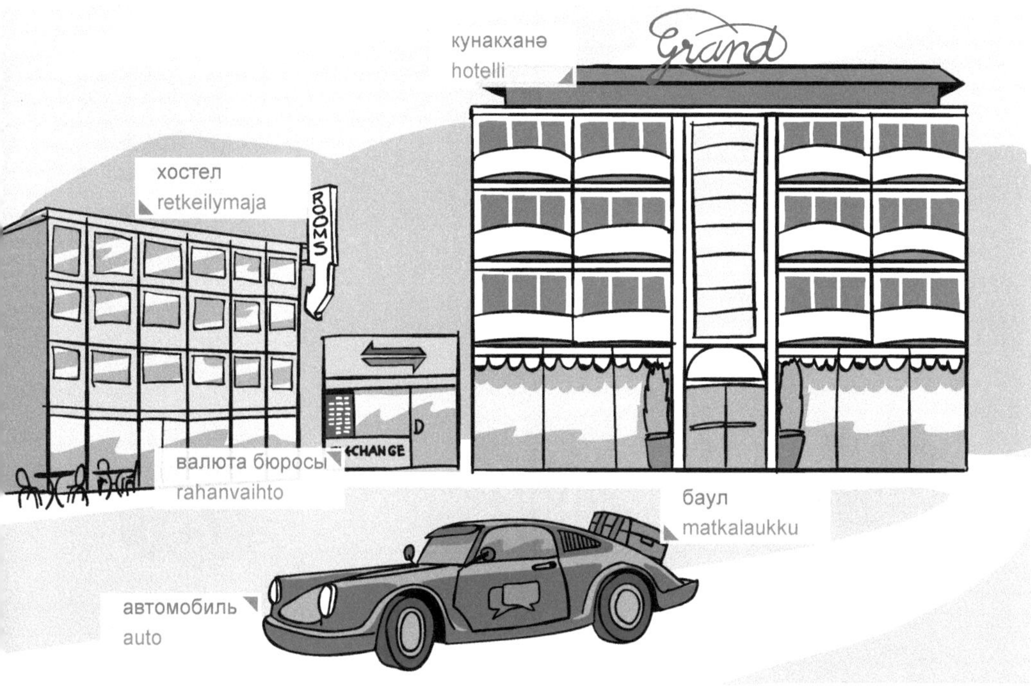

тел

kieli

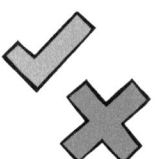

әйе / юк

kyllä / ei

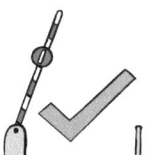

ярар

selvä

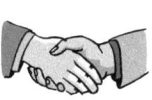

исәнмесез

hei

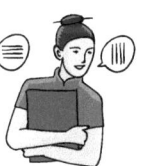

тәрҗемәче

tulkki

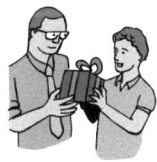

Рәхмәт

kiitos

... күпме тора?

Paljonko...maksaa?

мин аңламыйм

en ymmärrä

проблем

ongelma

Хәерле кич!

Hyvää iltaa!

Хәерле иртә!

Hyvää huomenta!

Тыныч йокы!

Hyvää yötä!

сау булыгыз

näkemiin

юнәлеш

suunta

багаж

matkatavarat

букча

laukku

биштәр

reppu

кунак

vieras

бүлмә

huone

йокы капчыгы

makuupussi

чатыр

teltta

турист мәгълүматы

turisti-info

комсал

ranta

кредит кәрте

luottokortti

иртәнге аш

aamupala

төшлек

lounas

кичке аш

päivällinen

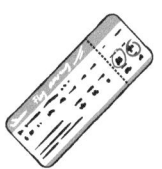

билет

matkalippu

лифт

hissi

марка

postimerkki

чик

raja

тамгаханә

tulli

илчелек

suurlähetystö

виза

viisumi

паспорт

passi

транспорт
kuljetus

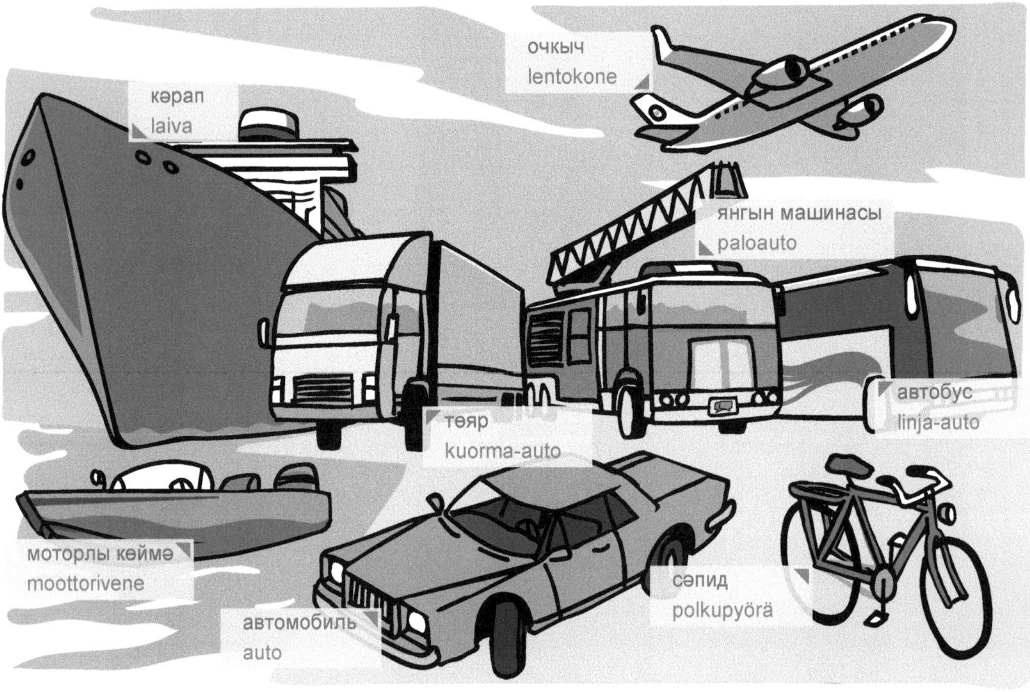
очкыч
lentokone
кәрап
laiva
янгын машинасы
paloauto
автобус
linja-auto
төяр
kuorma-auto
моторлы көймә
moottorivene
сәпид
polkupyörä
автомобиль
auto

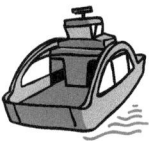

борам

lautta

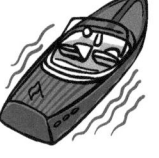

көймә

vene

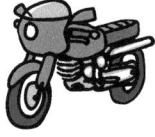

мотоцикл

moottoripyörä

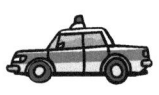

полиция машинасы

poliisiauto

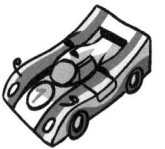

узыш машинасы

kilpa-auto

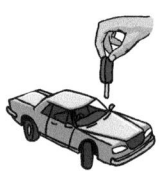

киралык машина

vuokra-auto

каршеринг

car sharing

тартучы

hinausauto

чүп төяре

roska-auto

мотор

moottori

ягулык

polttoaine

бензинлек

huoltoasema

трафик билгесе

liikennemerkki

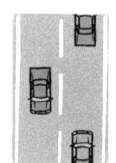

хәрәкәт

liikenne

бөке

ruuhka

паркинг

parkkipaikka

вокзал

rautatieasema

рельс

raiteet

поезд

juna

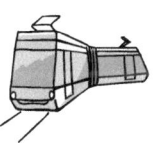

трамвай

raitiovaunu

вагон

vaunu

боралак

helikopteri

һава аланы

lentokenttä

манара

lähilennonjohto

юлчы

matkustaja

контейнер

kontti

алап

pahvilaatikko

йөк арбасы

kärryt

сәбәт

kori

калку / төшү

nousta / laskea

шәһәр
kaupunki

авыл

kylä

шәһәр үзәге

keskusta

йорт

talo

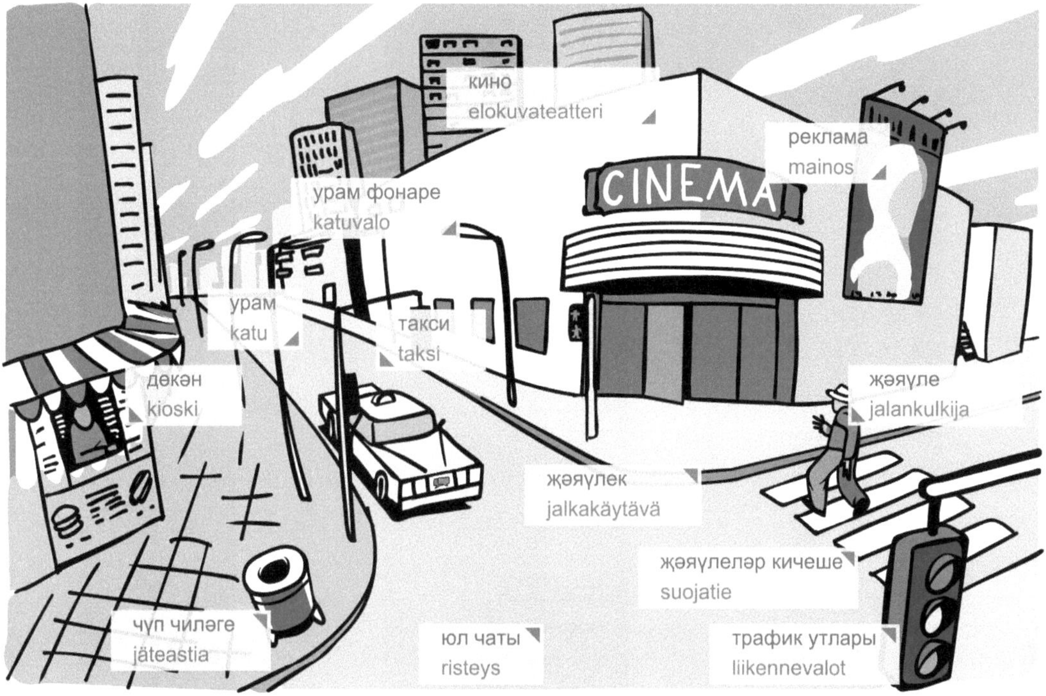
кино
elokuvateatteri
CINEMA
реклама
mainos
урам фонаре
katuvalo
урам
katu
такси
taksi
дөкән
kioski
җәяүле
jalankulkija
җәяүлек
jalkakäytävä
җәяүлеләр кичеше
suojatie
чүп чиләге
jäteastia
юл чаты
risteys
трафик утлары
liikennevalot

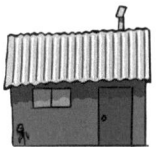

алачык

mökki

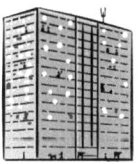

фатир

kerrostalo

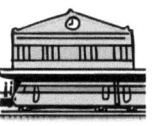

вокзал

rautatieasema

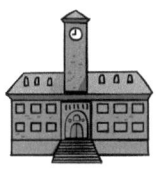

шәһәр хакимияте

kaupungintalo

MUSEUM

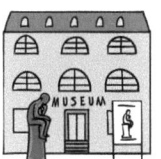

ядкәрханә

museo

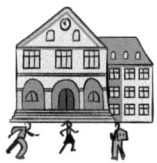

мәктәп

koulu

университет

yliopisto

банк

pankki

хастаханә

sairaala

кунакханә

hotelli

даруханә

apteekki

офис

toimisto

китап кибете

kirjakauppa

кибет

liike

чәчәк кибете

kukkakauppa

супермаркет

supermarketti

базар

tori

зур кибет

tavaratalo

балык кибете

kalakauppias

сәүдә үзәге

ostoskeskus

лиман

satama

парк

puisto

эскэмия

penkki

күпер

silta

баскыч

portaat

метро

metro

тоннель

tunneli

автобус тукталышы

linja-autopysäkki

бар

baari

ресторан

ravintola

ямыл тартмасы

postilaatikko

урам билгесе

katukyltti

паркинг санагычы

parkkimittari

хайван бакчасы

eläintarha

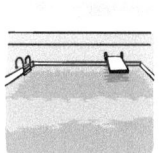

хәвезханә

uimala

мәчет

moskeija

ферма

maatila

керлелек

ympäristön saastuminen

зират

hautausmaa

чиркәү

kirkko

уен аланы

leikkikenttä

гыйбадәтханә

temppeli

тирә-юнь

maisema

яфрак
lehti

юл күрсәткече
tienviitta

юл
tie

болын
niitty

таш
kivi

йөрешче
retkeilijä

агач
puu

елга
joki

улән
ruoho

чәчәк
kukka

үзән

laakso

калкулык

vuori

күл

järvi

урман

metsä

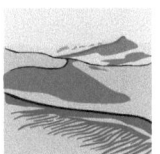

чүл

aavikko

янартау

tulivuori

ныгытма

linna

салават күпере

sateenkaari

гөмбә

sieni

пальма

palmu

черки

hyttynen

чебен

kärpänen

кырмыска

muurahainen

бал корты

mehiläinen

үрмәкүч

hämähäkki

тирә-юнь - maisema   15

коңгыз

kovakuoriainen

бака

sammakko

тиен

orava

керпе

siili

куян

jänis

ябалак

pöllö

кош

lintu

аккош

joutsen

кабан дуңгызы

villisika

болан

peura

пошый

hirvi

туан

pato

җир турбины

tuulimylly

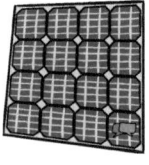

кояш панеле

aurinkopaneeli

икълим

ilmasto

ресторан
ravintola

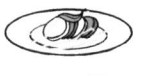

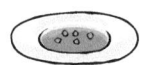

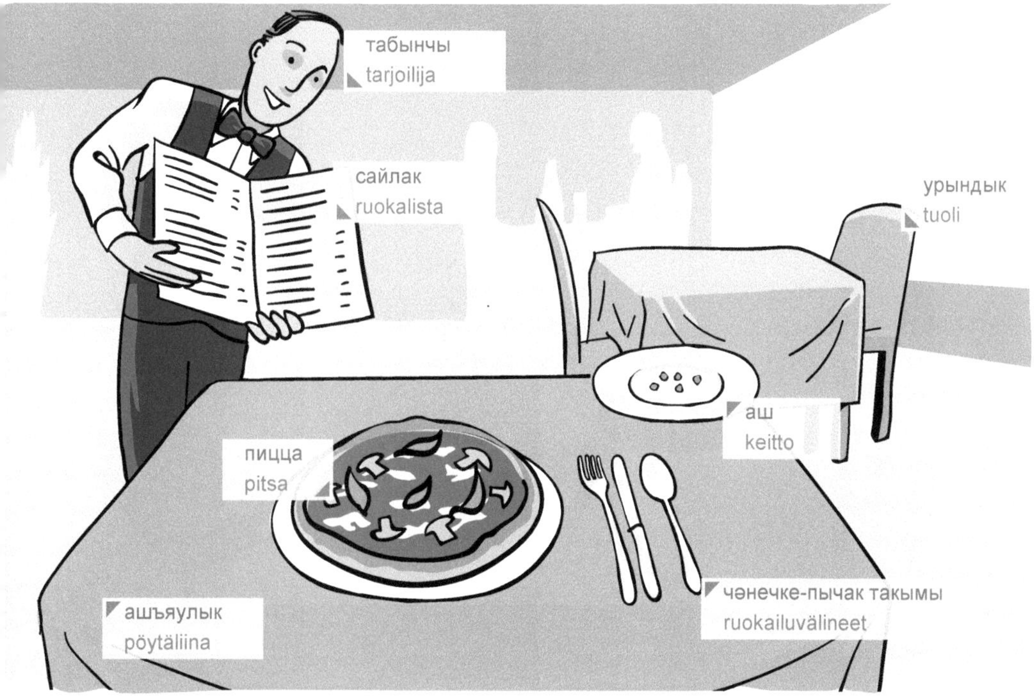

табынчы
tarjoilija
сайлак
ruokalista
урындык
tuoli
аш
keitto
пицца
pitsa
ашъяулык
pöytäliina
чәнечке-пычак такымы
ruokailuvälineet

кабымлык

alkuruoka

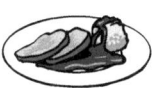

төп ашамлык

pääruoka

татлы

jälkiruoka

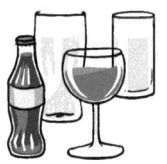

эчемлекләр

juomat

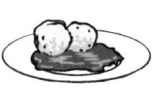

азык

ruoka

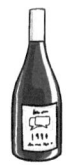

шешә

pullo

фастфуд

pikaruoka

урам ризыгы

katuruoka

чәйгүн

teekannu

шикәр савыты

sokeriastia

салым

annos

эспрессо машины

espressokeitin

биек урындык

syöttötuoli

хисап

lasku

төгер

tarjotin

пычак

veitsi

чәнечке

haarukka

кашык

lusikka

чәй кашыгы

teelusikka

тастымал

servietti

тустаган

lasi

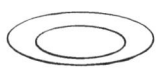

табак

lautanen

аш табагы

syvä lautanen

җәйпәк

aluslautanen

соус

kastike

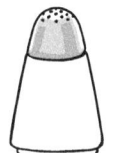

тоз савыты

suolasirotin

борыч тегермәне

pippurimylly

серкә

etikka

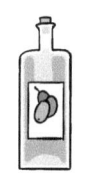

сыек май

öljy

тәмләткеч

mausteet

кетчуп

ketsuppi

хәрдәл

sinappi

майонез

majoneesi

супермаркет
supermarketti

махсус тәкъдим
tarjous
FOR
сатып алучы
asiakas
сөт эшләнмәләре
maitotuotteet
җимеш
hedelmät
кибет арбасы
ostoskärryt

BUTCHERS

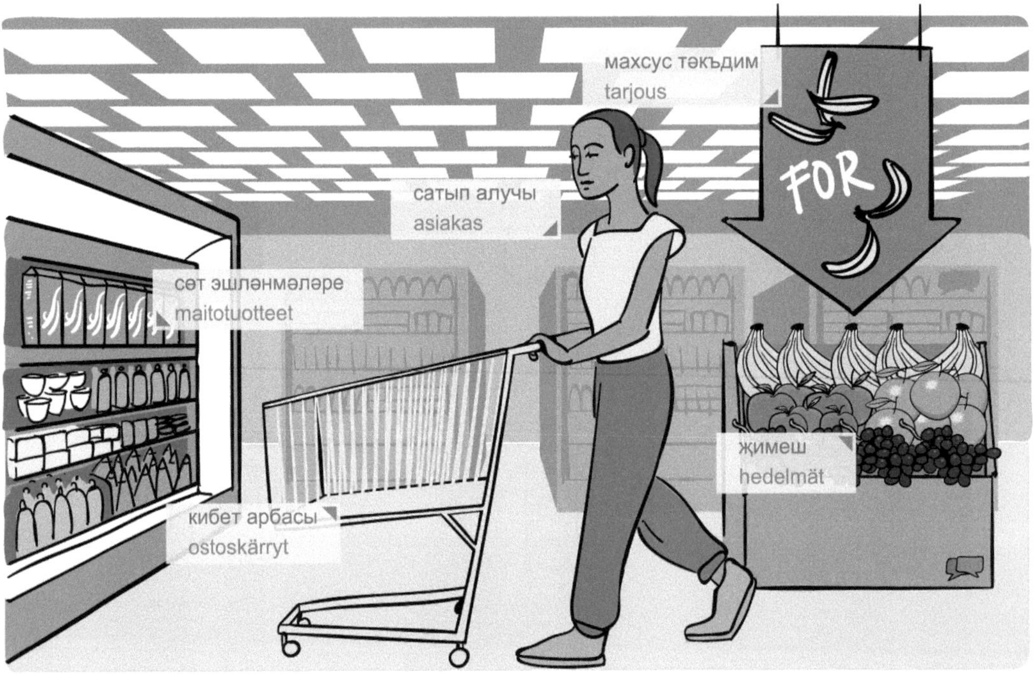

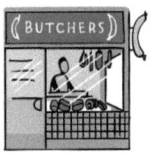

ит кибете

teurastamo

BAKERY

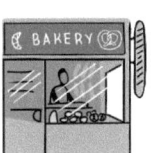

икмәкханә

leipomo

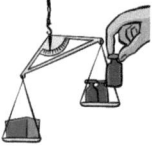

үлчәү

punnita

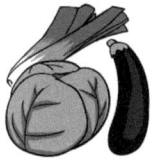

яшелчә

kasvikset

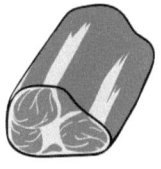

ит

liha

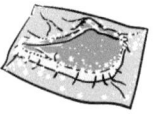

туңдырылган ашамлыклар

pakasteet

суык ит

leikkele

кәнсирләнгән ашамлык

säilykkeet

кер юу порошогы

pesujauhe

шикәрләмәләр

makeiset

өй эшләнмәләре

kotitaloustarvikkeet

тәмизлек эшләнмәләре

puhdistusaineet

сатучы

myyjä

язучы касса

kassa

кассир

kassanhoitaja

сатып алу исемлеге

ostoslista

эш вакыты

aukioloajat

калта

lompakko

кредит кәрте

luottokortti

букча

kassi

пластик капчык

muovipussi

су

vesi

сут

mehu

сөт

maito

кола

kokis

шәраб

viini

сыра

olut

хәмер

alkoholi

какао

kaakao

чәй

tee

каһвә

kahvi

эспрессо

espresso

капучино

cappuccino

банан

banaani

алма

omena

әфлисун

appelsiini

карбыз

meloni

лимон

sitruuna

кишер

porkkana

сарымсак

valkosipuli

бамбук

bambu

суган

sipuli

гөмбә

sieni

чикләвекләр

pähkinät

токмач

spagetti

спагетти

spagetti

дөге

riisi

салат

salaatti

чипсы

ranskalaiset

кыздырылган бәрәңге

paistetut perunat

пицца

pitsa

гамбургер

hampurilainen

сэндвич

voileipä

кәтлит

leike

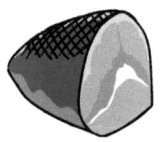

ветчина

kinkku

салями

salami

сосиска

makkara

тавык

kana

кыздырма

paisti

балык

kala

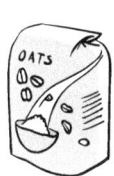

солы измәсе

kaurahiutaleet

мюсли

mysli

мәккәй кетердеге

murot

он

jauho

круассан

voisarvi

ипи түгәрәге

sämpylä

икмәк

leipä

тост

paahtoleipä

кәтәрмәч

keksit

май

voi

эремчек

rahka

кейк

kakku

йомырка

kananmuna

тәбә

paistettu kananmuna

сыр

juusto

азык - ruoka

туңдырма

jäätelö

шикәр

sokeri

бал

hunaja

кайнатма

hillo

шоколад измәсе

suklaapähkinälevite

карри

curry

ферма

maatila

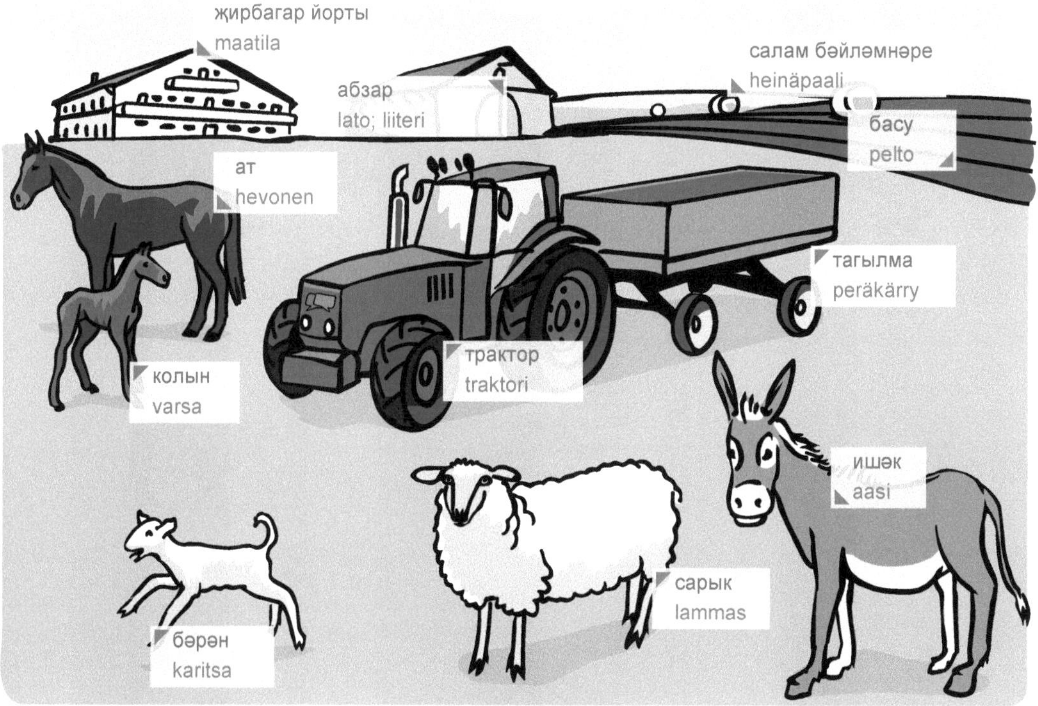
жирбагар йорты
maatila
абзар
lato; liiteri
салам бәйләмнәре
heinäpaali
басу
pelto
ат
hevonen
тагылма
peräkärry
трактор
traktori
колын
varsa
ишәк
aasi
сарык
lammas
бәрән
karitsa

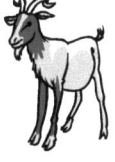

кәҗә

vuohi

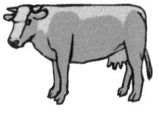

сыер

lehmä

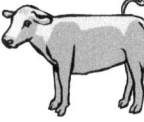

бозау

vasikka

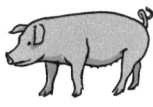

дуңгыз

sika

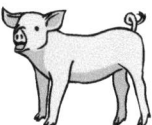

дуңгыз баласы

porsas

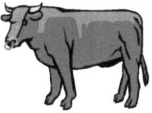

үгез

sonni

каз

hanhi

үрдәк

ankka

чеби

tipu

тавык

kana

әтәч

kukko

күсе

rotta

песи

kissa

тычкан

hiiri

эш үгезе

härkä

эт

koira

эт оясы

koirankoppi

бакча хортумы

puutarhaletku

сусипкеч

kastelukannu

чалгы

viikate

сабан

aura

урак

sirppi

китмән

kuokka

сәнәк

talikko

балта

kirves

кул арбасы

kottikärryt

тагарак

kaukalo

сөт чиләге

maitokannu

капчык

säkki

койма

aita

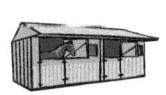

абзар

talli

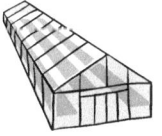

эссеханә

kasvihuone

туфрак

maa

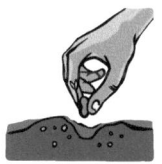

орлык

siemen

ашлама

lannoite

комбайн

leikkuupuimuri

ферма - maatila

уңыш җыярга

kerätä sato

уңыш

sato

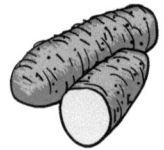

ям

jamssit

бодай

vehnä

соя

soija

бәрәңге

peruna

мәккәй

maissi

рапс

rypsi

җимеш агачы

hedelmäpuu

маниок

maniokki

бөртеклеләр

vilja

йорт

talo

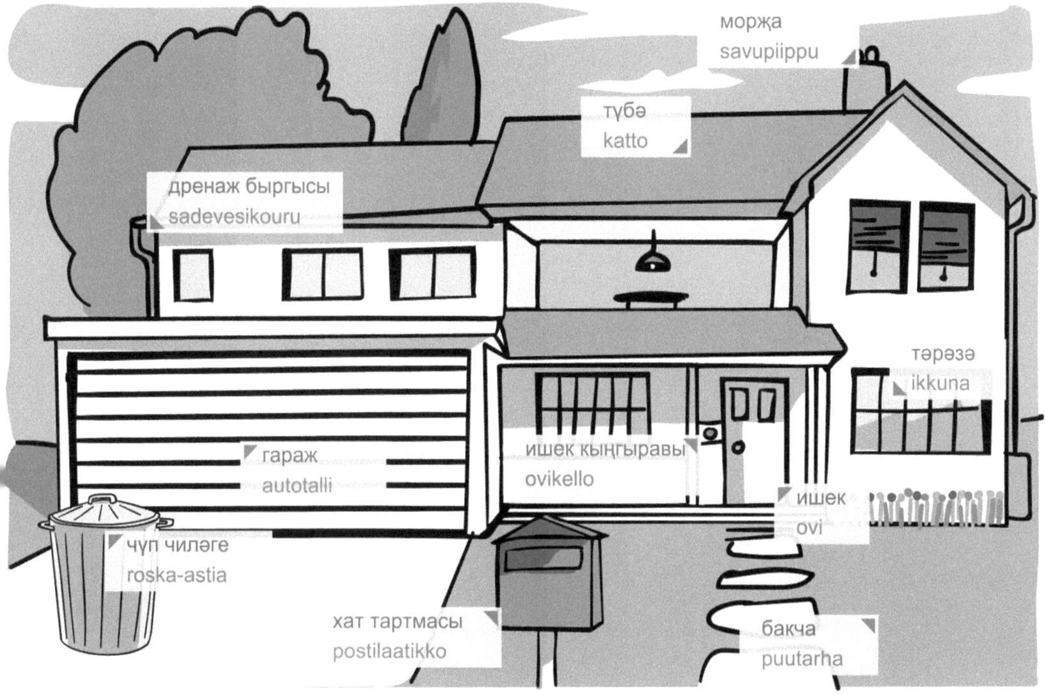
морҗа
savupiippu
түбә
katto
дренаж быргысы
sadevesikouru
тәрәзә
ikkuna
гараж
autotalli
ишек кыңгыравы
ovikello
ишек
ovi
чүп чиләге
roska-astia
хат тартмасы
postilaatikko
бакча
puutarha

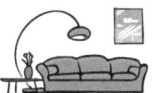

кунак бүлмәсе

olohuone

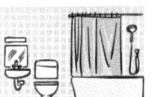

юыну бүлмәсе

kylpyhuone

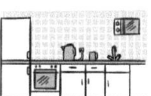

аш бүлмәсе

keittiö

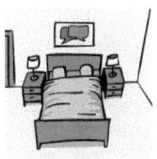

ятак бүлмәсе

makuuhuone

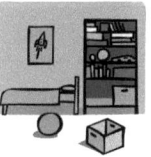

бала бүлмәсе

lastenhuone

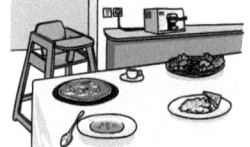

аш бүлмәсе

ruokahuone

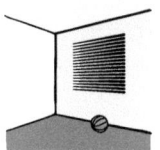

идән
lattia

дивар
seinä

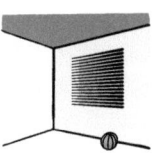

түшәм
katto

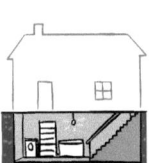

түлә
kellari

сауна
sauna

балкон
parveke

терраса
terassi

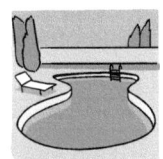

хәвез
uima-allas

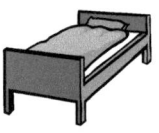

чирәмчапкыч
ruohonleikkuri

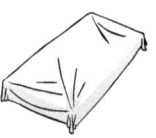

җәймә
lakana

ятак япмасы
päiväpeitto

ятак
sänky

себерке
harja

чиләк
ämpäri

өзгеч
katkaisin

кунак бүлмәсе
olohuone

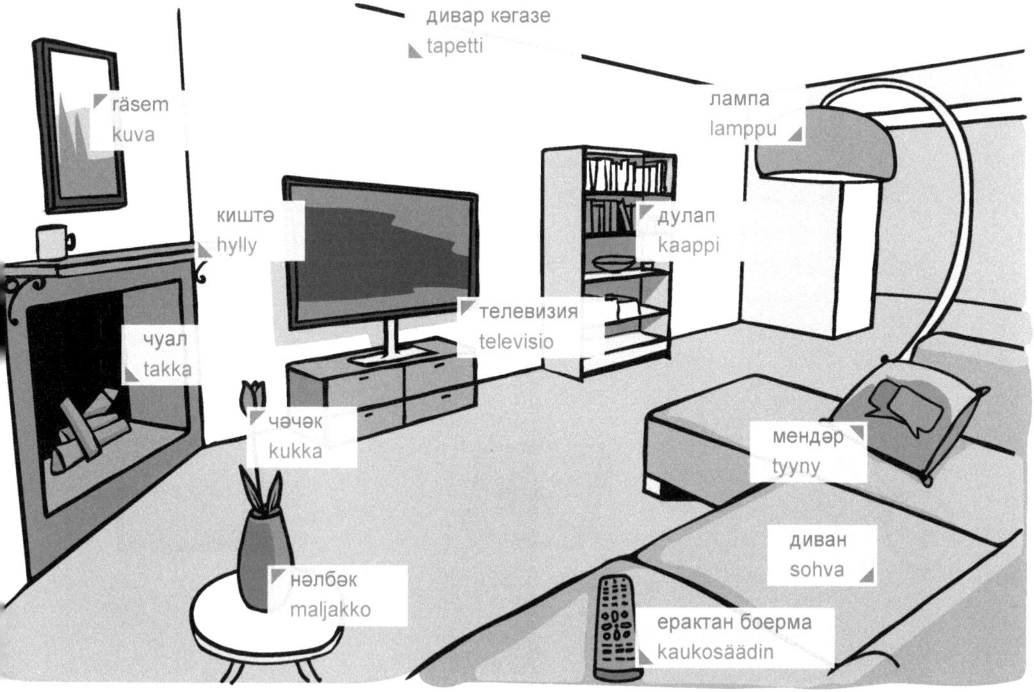
дивар кәгазе
tapetti
räsem
kuva
лампа
lamppu
киштә
hylly
дулап
kaappi
телевизия
televisio
чуал
takka
чәчәк
kukka
мендәр
tyyny
диван
sohva
нәлбәк
maljakko
ерактан боерма
kaukosäädin

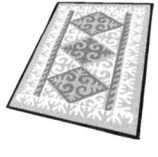

келәм
matto

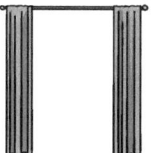

пәрдә
verho

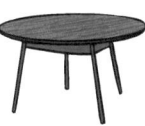

өстәл
pöytä

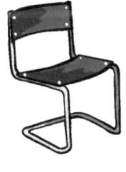

урындык
tuoli

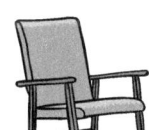

тирбәлмә урындык
keinutuoli

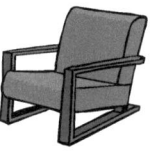

кәнәфи
nojatuoli

китап

kirja

япма

peitto

декор

koriste

утын

polttopuut

фильм

elokuva

hi-fi

stereot

ачкыч

avain

гәжит

sanomalehti

сурәт

maalaus

постер

juliste

радио

radio

куен дәфтәре

muistivihko

тузансуыргыч

pölynimuri

кактус

kaktus

шәм

kynttilä

аш бүлмәсе
keittiö

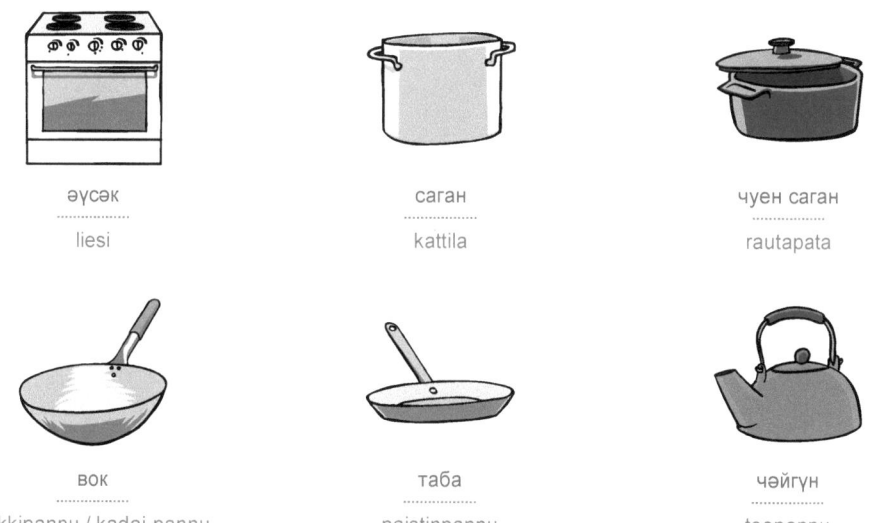

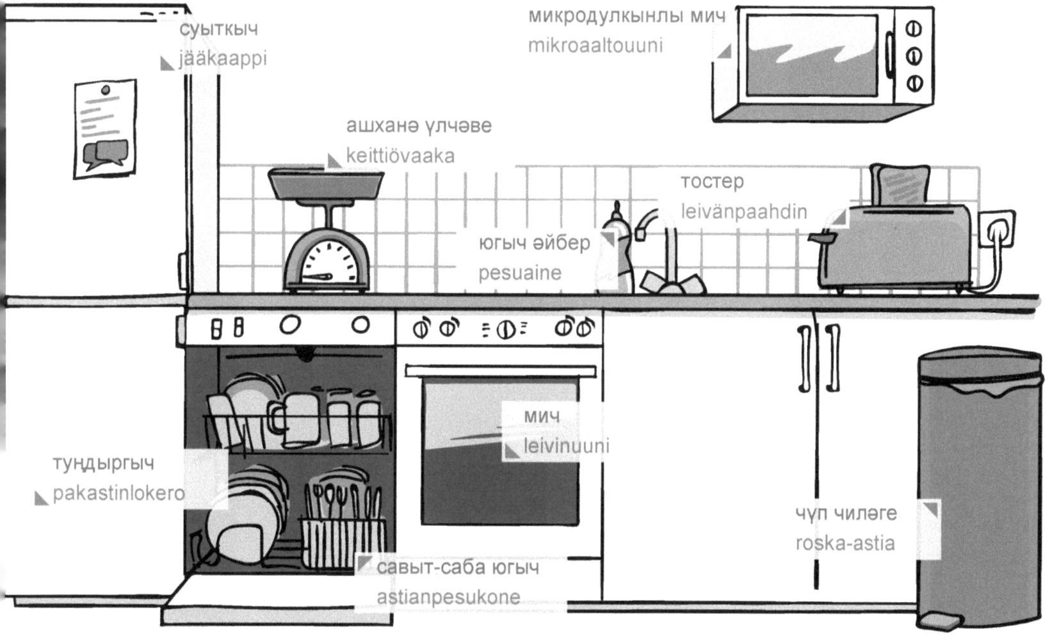
суыткыч
jääkaappi
микродулкынлы мич
mikroaaltouuni
ашханә үлчәве
keittiövaaka
тостер
leivänpaahdin
югыч әйбер
pesuaine
мич
leivinuuni
туңдыргыч
pakastinlokero
чүп чиләге
roska-astia
савыт-саба югыч
astianpesukone

әүсәк
liesi

саган
kattila

чуен саган
rautapata

вок
vokkipannu / kadai-pannu

таба
paistinpannu

чәйгүн
teepannu

булы пешергеч

höyrykeitin

калай

uunipelti

савыт-саба

astiat

тәгәч

muki

касә

kulho

ашау таякчыклары

syömäpuikot

уҗау

kauha

спатула

paistinlasta

туглагыч

vispilä

сөзгеч

siivilä

иләк

siivilä

кыргыч

raastin

киле

mortteli

барбекю

grilli

ачык учак

avotuli

такта

leikkuulauta

уклау

kaulin

бөке суыргыч

korkinavaaja

металл тартма

purkki

кәнсир ачкыч

purkinavaaja

мич биялəе

pannulappu

киршəн

lavuaari

фырча

tiskiharja

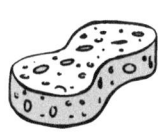

болыт

pesusieni

блендер

tehosekoitin

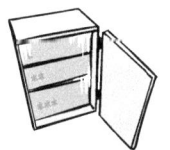

тирəн туңдыргыч

pakastin

имезлекле шешə

tuttipullo

чөмəк

vesihana

юыну бүлмәсе

kylpyhuone

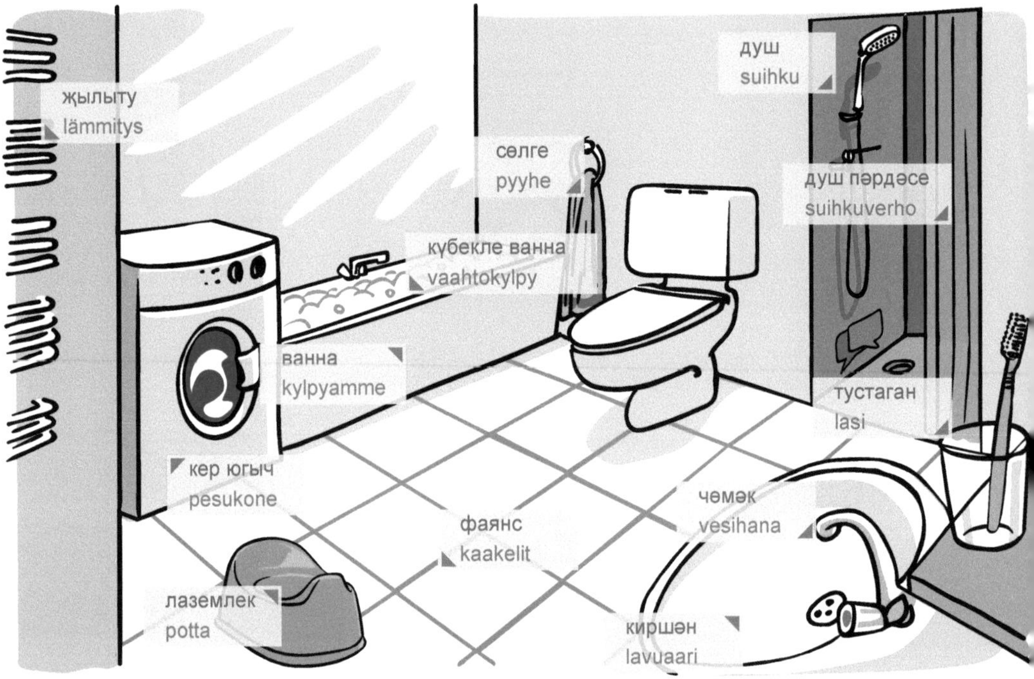

душ
suihku
жылыту
lämmitys
сөлге
pyyhe
душ пәрдәсе
suihkuverho
күбекле ванна
vaahtokylpy
ванна
kylpyamme
тустаган
lasi
кер югыч
pesukone
чүмәк
vesihana
фаянс
kaakelit
лаземлек
potta
киршән
lavuaari

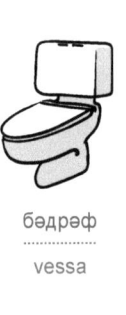

бәдрәф

vessa

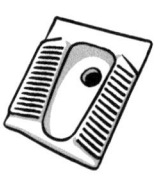

төрекчә бәдрәф

kyykkyvessa

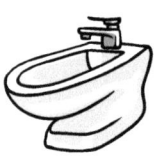

биде

bidee

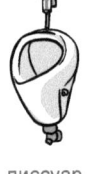

писсуар

pisuaari

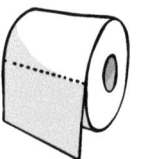

бәдрәф кәгазе

vessapaperi

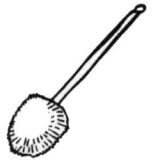

бәдрәф фырчасы

vessaharja

теш фырчасы

hammasharja

теш мәгъҗүне

hammastahna

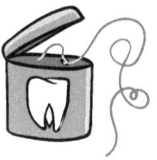

теш җебе

hammaslanka

юарга

pestä

душ башлыгы

käsisuihku

душ

intiimisuihku

киршән

pesuvati

арка фырчасы

selkäharja

сабын

saippua

душ сеңәле

suihkugeeli

шампунь

shampoo

мунчала

pesulappu

агым

viemäri

крем

voide

дезодорант

deodorantti

көзге

peili

кул көзгесе

käsipeili

өстәрә

partaveitsi

кырыну күбеге

partavaahto

кырыну лосьоны

partavesi

тарак

kampa

щётка

harja

фен

hiustenkuivaaja

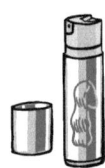

чәч спрее

hiuslakka

макияж

meikki

ирен иннеге

huulipuna

тырнак җәләсе

kynsilakka

мамык

pumpuli

тырнак кайчысы

kynsisakset

хушбуй

hajuvesi

макияж букчасы

kosmetiikkalaukku

утыргыч

jakkara

үлчәү

vaaka

чоба

kylpytakki

резин иләсә

kumihansikkaat

тампон

tamponi

һигиеник пәд

terveysside

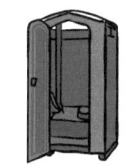

химияви бәдрәф

kemiallinen wc

бала бүлмәсе
lastenhuone

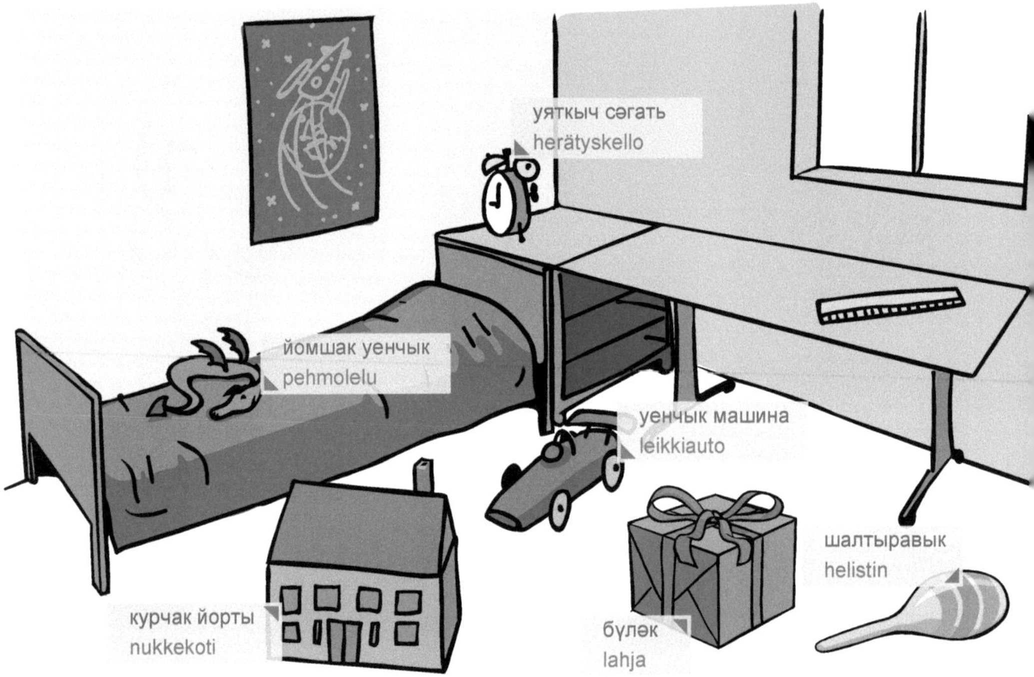
уяткыч сәгать
herätyskello
йомшак уенчык
pehmolelu
уенчык машина
leikkiauto
шалтыравык
helistin
курчак йорты
nukkekoti
бүләк
lahja

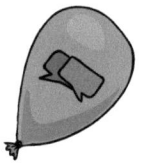

һава шары

ilmapallo

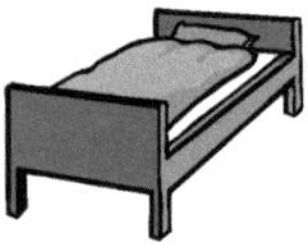

ятак

sänky

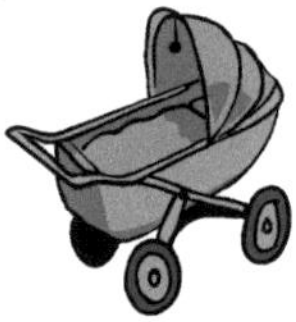

бәби арбасы

lastenvaunut

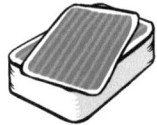

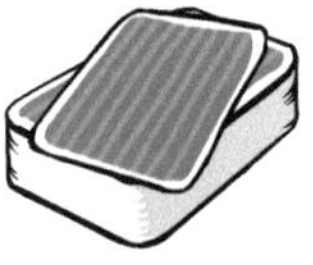

кәрт дестәсе

korttipeli

пазл

palapeli

SUPER
MEGA

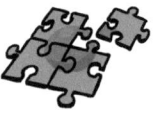

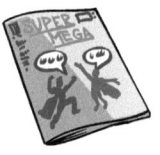

комикс

sarjakuva

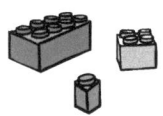

лего кирпечләре

legopalikat

шакмаклар

rakennuspalikat

уен сынчыгы

supersankari

зыбын

potkupuku

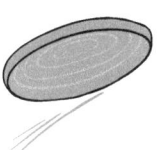

фрисби

frisbee

мобиль

mobile

өстәл уены

lautapeli

уен ташы

noppa

поезд моделе җыелмасы

pienoisjunarata

имезлек

tutti

кичә

juhlat

рәсемле китап

kuvakirja

туп

pallo

курчак

nukke

уйнарга

leikkiä

комлык

hiekkalaatikko

таган

keinu

уенчыклар

lelut

уен кушмасы

pelikonsoli

өч көпчәкле сәпид

kolmipyörä

уенчык аю

nalle

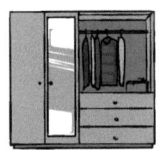

кием дулабы

vaatekaappi

кием

vaatteet

оекбаш

sukat

оек

nylonsukat

оегыштан

sukkahousut

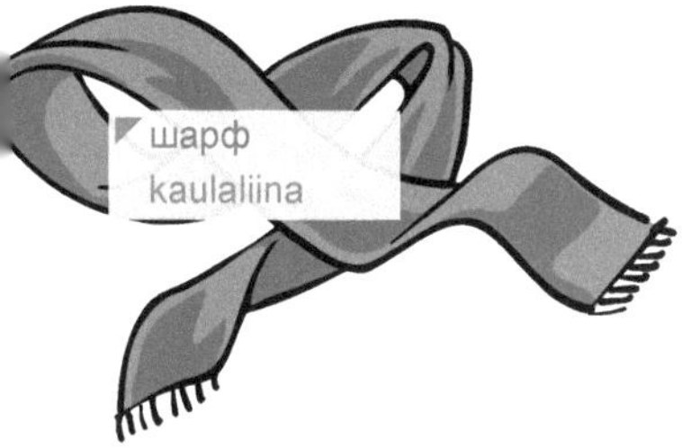

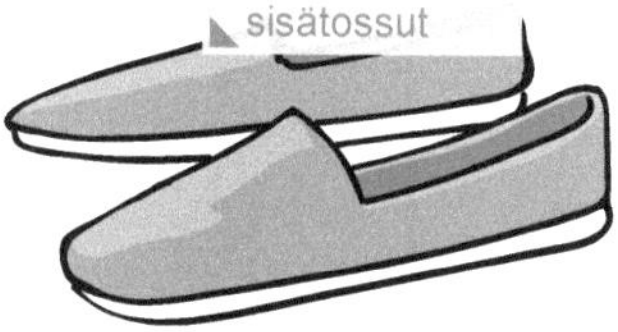

шарф
kaulaliina

кулчатыр
sateenvarjo

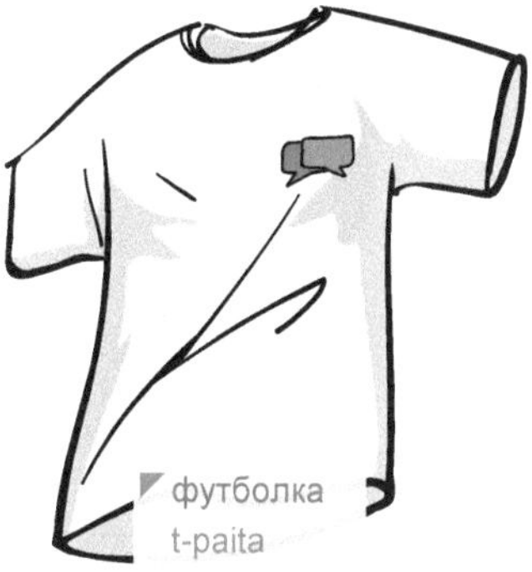

футболка
t-paita

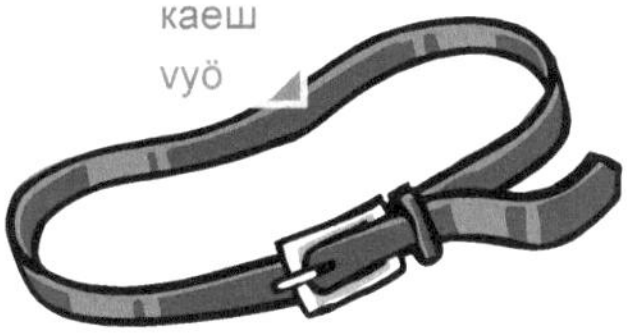

каеш
vyö

итек
saappaat

чәпәләй
sisätossut

спорт аяк киеме
lenkkarit

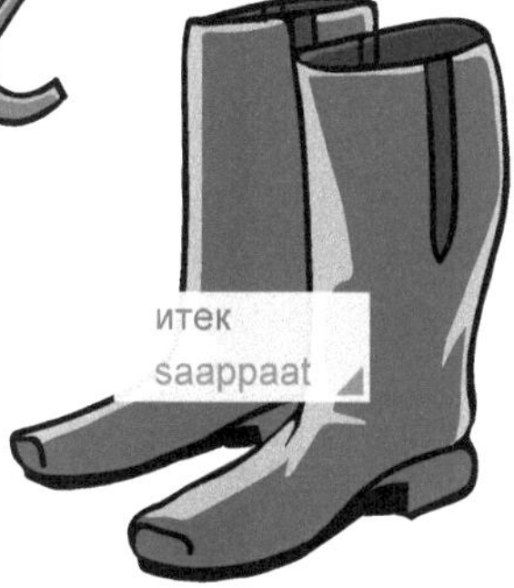

сандаллар
·················
sandaalit

аяк киеме
·················
kengät

резин итек
·················
kumisaappaat

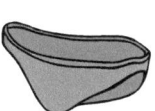

тәнбан
·················
alushousut

түшти
·················
rintaliivit

җәләк
·················
aluspaita

боди

body

чалбар

housut

джинс

farkut

итәк

hame

блузка

pusero

күлмәк

paita

свитер

villapaita

худи

collegepaita

блейзер

jakku

жакет

takki

бишмәт

takki

яңгырлык

sadetakki

кәчтүм

puku

күлмәк

mekko

туй күлмәге

hääpuku

такым кием

puku

төнге күлмәк

yöpaita

пижама

pyjama

сари

shari

яулык

päähuivi

чалма

turbaani

бурка

burka

чапан

kaftaani

абая

abaya

коену киеме

uimapuku

йөзү тәнбаны

uimahousut

шорт

shortsit

спорт киеме

verkkarit

алъяпкыч

esiliina

иләсә

käsineet

төймә

nappi

күзлек

silmälasit

беләзек

rannekoru

муенса

kaulakoru

балдак

sormus

алка

korvakoru

кәпәч

lippalakki

элгеч

ripustin

эшләпә

hattu

галстук

solmio

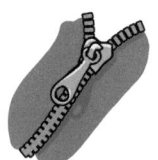

зынҗыр

vetoketju

очлам

kypärä

чалбар асмасы

henkselit

мәктәп формасы

koulupuku

форма

univormu

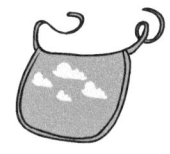

балалар күкрәкчәсе

ruokalappu

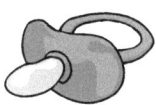

имезлек

tutti

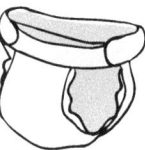

күзәлә

vaippa

офис

toimisto

сервер
palvelin
бума дулабы
asiakirjakaappi
басак
tulostin
кәгазь
paperi
күрәк
näyttö
өстәл
kirjoituspöytä
тычкан
hiiri
бума
kansio
тоймөсар
näppäimistö
чүп кәгазь чиләге
roskakori
урындык
tuoli
санак
tietokone

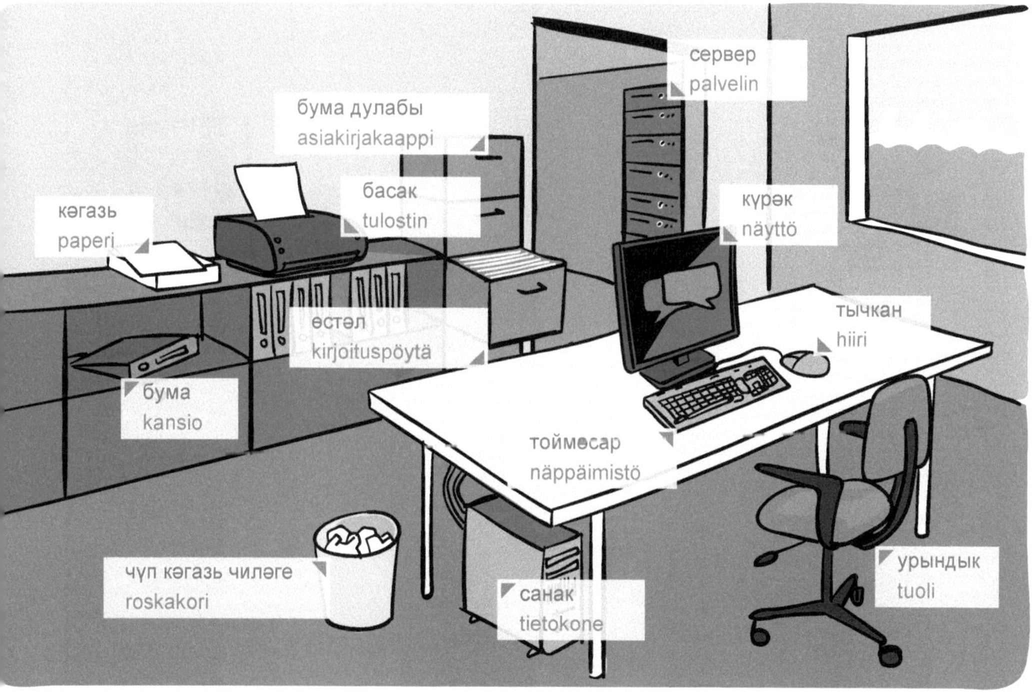

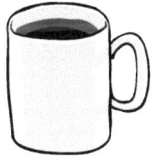

каһвә тәгәче

kahvimuki

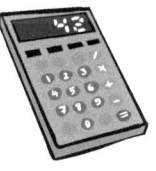

сансанар

taskulaskin

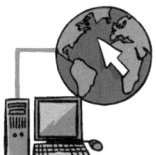

интернет

internet

ләптоп

kannettava tietokone

хат

kirje

хәбәр

viesti

кесә телефоны

kännykkä

челтәр

verkko

фотокопияче

kopiokone

програм тәэминаты

ohjelmisto

телефон

puhelin

аергыч

pistorasia

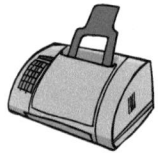

факс

faksi

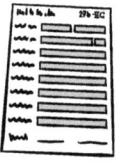

форм

lomake

документ

asiakirja

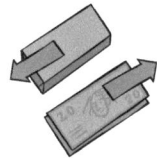

сатып алырга

ostaa

түләргә

maksaa

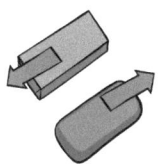

сәүдә итәргә

vaihtaa

акча

raha

 **USD**

доллар

dollari

 **EUR**

евро

euro

 **JPY**

иөнә

jeni

 **RUB**

сум

rupla

 **CHF**

франк

frangi

 **CNY**

юан

renminbi juan

 **INR**

рупи

rupia

банкомат

pankkiautomaatti

валюта бюросы

rahanvaihto

алтын

kulta

көмеш

hopea

карамай

öljy

энергия

energia

бәя

hinta

контракт

sopimus

салым

vero

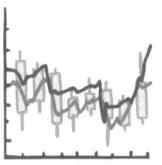

сток

osake

эшләргә

työskennellä

эшче

työntekijä

эш бирүче

työnantaja

фабрика

tehdas

кибет

liike

һөнәрләр
ammatit

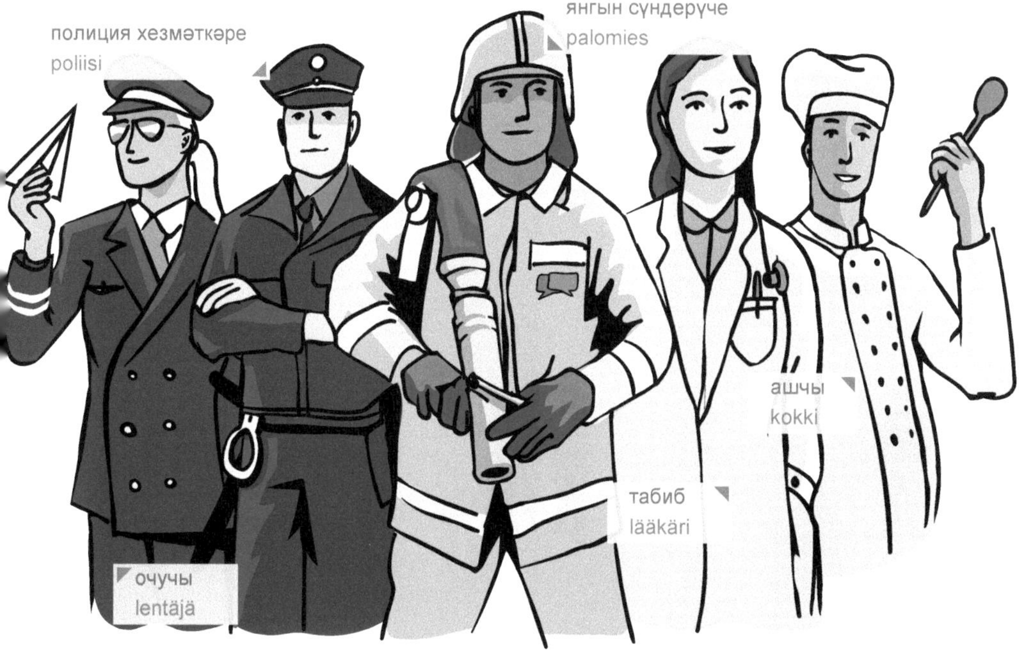

янгын сүндерүче
palomies
полиция хезмәткәре
poliisi
ашчы
kokki
табиб
lääkäri
очучы
lentäjä

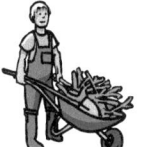

бакчачы
puutarhuri

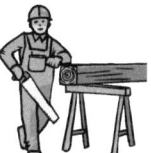

агач остасы
puuseppä

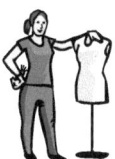

тегүче
ompelija

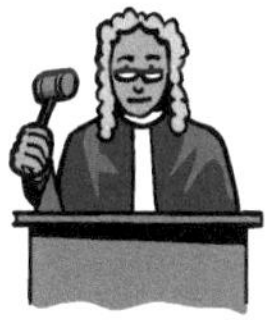

хөкемче
tuomari

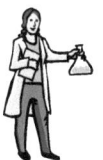

химияче
kemisti

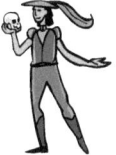

актер
näyttelijä

автобус йөртүче

linja-autonkuljettaja

таксиче

taksinkuljettaja

балыкчы

kalastaja

җыештыручы хатын

siivooja

түбә ябучы

katontekijä

табынчы

tarjoilija

аучы

metsästäjä

рәссам

maalari

икмәкче

leipuri

электрчы

sähköasentaja

төзүче

rakentaja

мөһәндис

insinööri

итче

teurastaja

чөмәкче

putkiasentaja

ямылчы

postinjakaja

гаскәри

sotilas

мигъмар

arkkitehti

кассир

kassanhoitaja

чәчәкче

floristi

чәчтараш

kampaaja

кондуктор

konduktööri

механик

mekaanikko

капитан

kapteeni

теш табибы

hammaslääkäri

галим

tiedemies

раввин

rabbi

имам

imaami

кәшиш

munkki

рухани

pappi

алəтлəр
työkalut

чүкеч
vasara
каргаборын
pihdit
шөрепборгыч
ruuvimeisseli
инглиз ачкычы
jakoavain
кул фонаре
taskulamppu

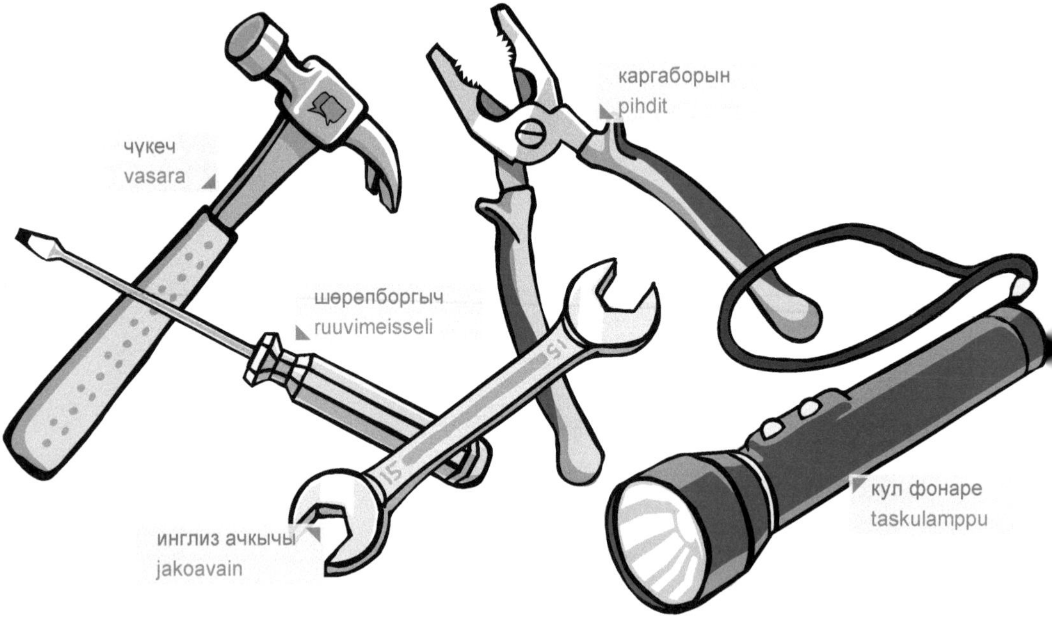

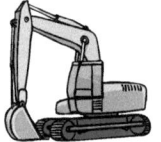

казу машинасы

kaivinkone

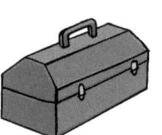

алəт букчасы

työkalupakki

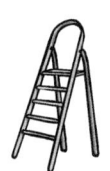

баскыч

tikkaat

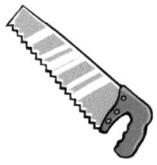

пычкы

saha

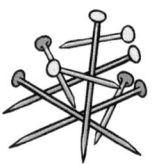

кадаклар

naulat

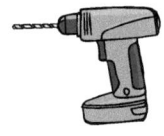

дрель

pora

төзәтергә

korjata

көрәк

lapio

Шайтан алгыры!

Hitto!

соскы

rikkalapio

буяу савыты

maalipurkki

мыклар

ruuvit

музыка аләтләре

soittimet

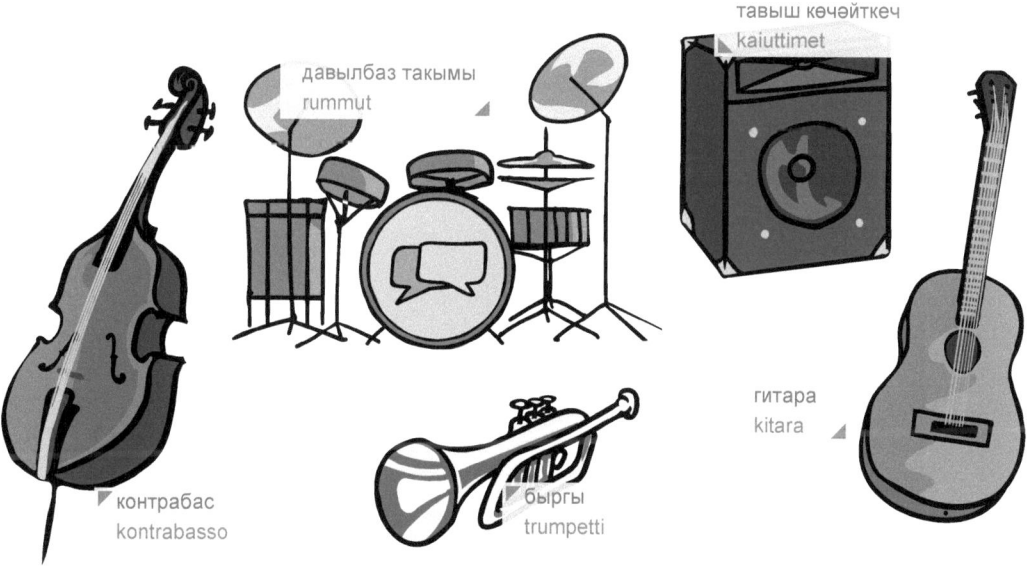

тавыш көчәйткеч
kaiuttimet

давылбаз такымы
rummut

контрабас
kontrabasso

быргы
trumpetti

гитара
kitara

пианино

piano

кәман

viulu

бас-гитара

basso

тимпани

patarummut

давылбаз

rumpu

төймәсар

kosketinsoitin

саксофон

saksofoni

флейта

huilu

микрофон

mikrofoni

хайван бакчасы

eläintarha

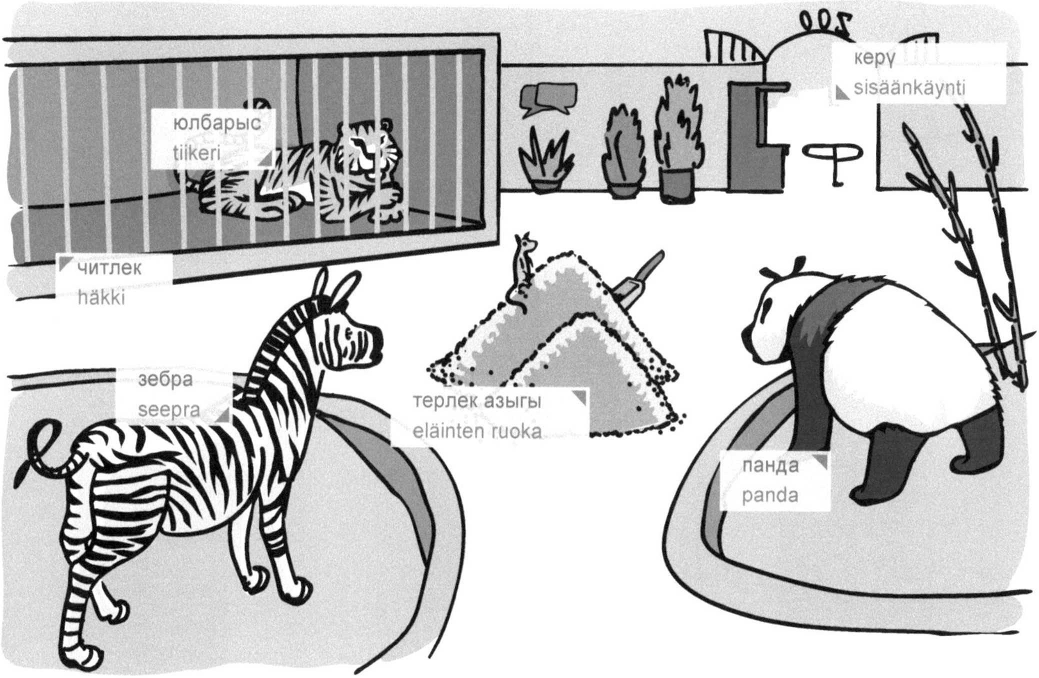
юлбарыс
tiikeri
читлек
häkki
зебра
seepra
терлек азыгы
eläinten ruoka
панда
panda
керү
sisäänkäynti

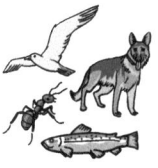

хайваннар

eläimet

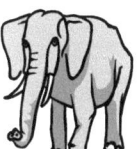

фил

norsu

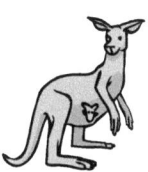

көнгерә

kenguru

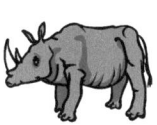

кәркәдән

sarvikuono

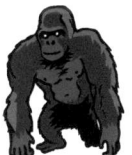

горилла

gorilla

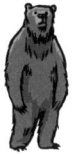

аю

karhu

дөя

kameli

тәвә кошы

strutsi

арыслан

leijona

маймыл

apina

фламинго

flamingo

тутый кош

papukaija

ак аю

jääkarhu

пингвин

pingviini

күпек балыгы

hai

тавис

riikinkukko

елан

käärme

тимсах

krokotiili

хайван бакчасы
хезмәткәре
eläintarhanhoitaja

су эте

hylje

ягуар

jaguaari

пони

poni

каплан

leopardi

су айгыры

virtahepo

зөрәфә

kirahvi

бөркет

kotka

кабан дуңгызы

villisika

балык

kala

ташбака

kilpikonna

морж

mursu

төлке

kettu

газәл

gaselli

Америка футболы
amerikkalainen jalkapallo

сәпид
pyöräily

теннис
tennis

баскетбол
koripallo

йөзү
uinti

бокс
nyrkkeily

хоккей
jääkiekko

футбол
jalkapallo

бадминтон
sulkapallo

атлетика
yleisurheilu

гандбол
käsipallo

чаңгы
hiihto

поло
poolo

иткенлекләр
aktiviteetit

көләргә
nauraa
сикерергә
hypätä
кочакларга
halata
йөрергә
kävellä
җырларга
laulaa
хыялланырга
unelmoida
гыйбадәт кылырга
rukoilla
үбәргә
suudella

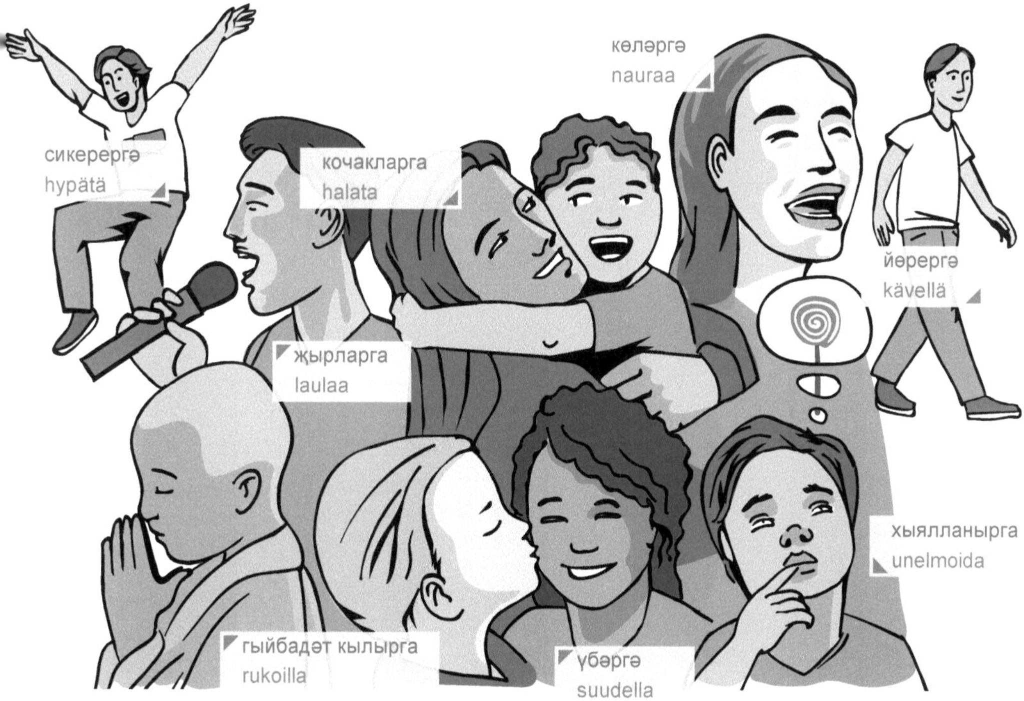

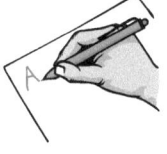

язарга
kirjoittaa

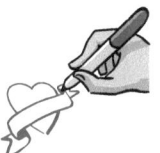

рәсем ясарга
piirtää

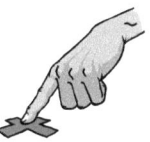

күрсәтергә
näyttää

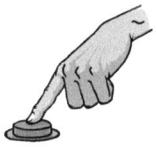

этәргә
painaa

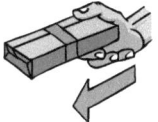

бирергә
antaa

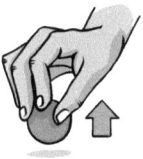

алырга
ottaa

ия булырга

omistaa

эшләргә

tehdä

булырга

olla

басып торырга

seisoa

йөгерергә

juosta

тартырга

vetää

ташларга

heittää

егылырга

kaatua

ятарга

maata

көтәргә

odottaa

ташырга

kantaa

утырырга

istua

киенергә

pukeutua

йокларга

nukkua

уянырга

herätä

карарга

katsoa

еларга

itkeä

сыйпарга

silittää

тарарга

kammata

сөйләшергә

puhua

аңларга

ymmärtää

сорарга

kysyä

тыңларга

kuunnella

эчәргә

juoda

ашарга

syödä

җыештырынырга

siivota

сөяргә

rakastaa

пешерергә

keittää

сөрергә

ajaa

очарга

lentää

диңгезгә ачылу

purjehtia

исәпләү

laskea

укырга

lukea

өйрәнергә

oppia

эшләргә

työskennellä

өйләнергә

mennä naimisiin

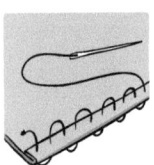

тегәргә

ommella

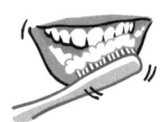

теш фырчаларга

pestä hampaat

үтерергә

tappaa

тәмәке тартырга

tupakoida

җибәрергә

lähettää

гаилә

perhe

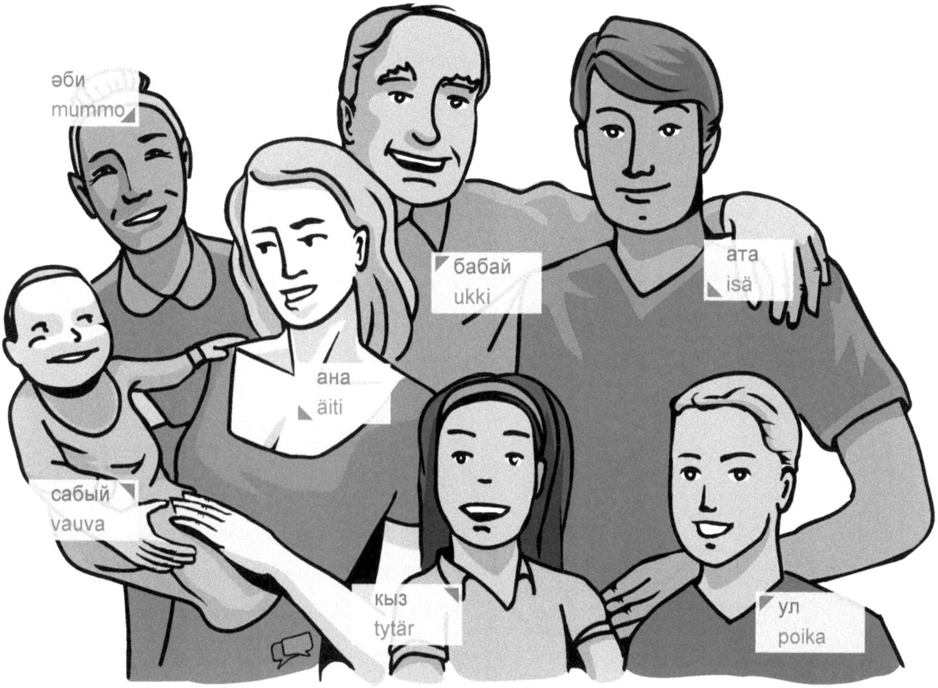
әби
mummo
бабай
ukki
ата
isä
ана
äiti
сабый
vauva
кыз
tytär
ул
poika

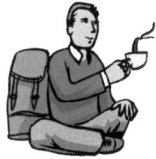

кунак

vieras

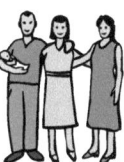

апа

täti

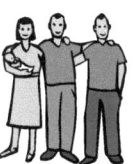

абый

setä

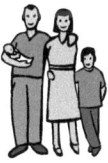

абый / эне

veli

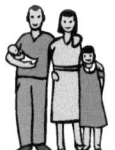

апа / сеңел

sisko

тән

vartalo

мaңгай
otsa
күз
silmä
иңбаш
olkapää
бармак
sormet
бит
kasvot
ияк
leuka
кул чугы
käsi
аяк
jalka
күкрәк
rinta
кул
käsivarsi

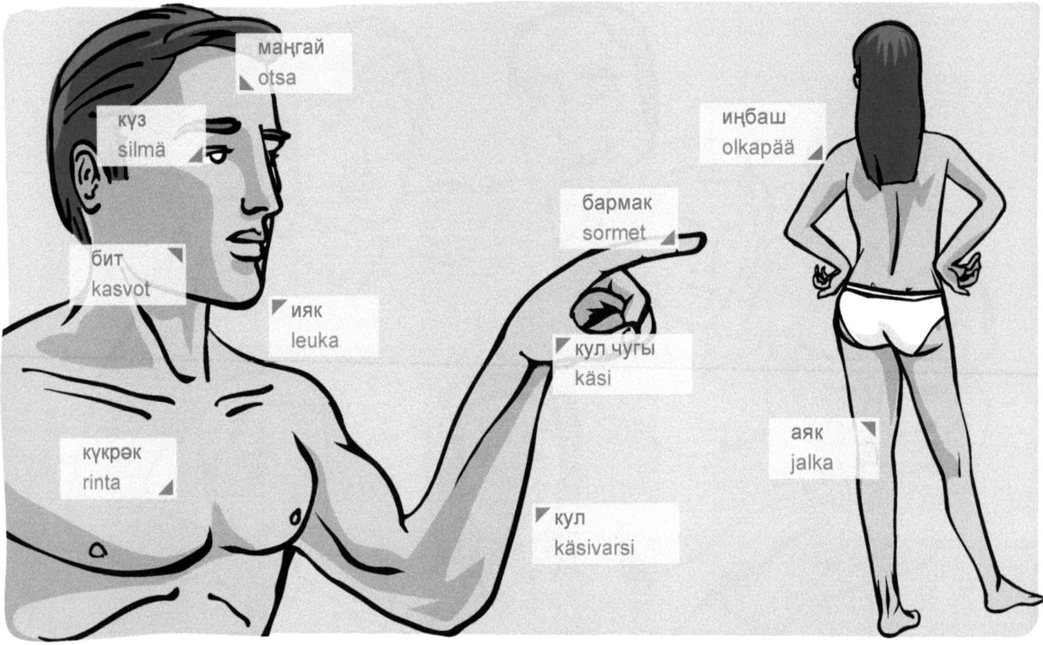

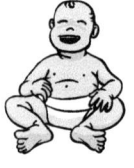

сабый

vauva

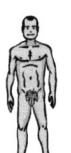

ир

mies

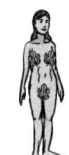

хатын

nainen

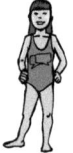

кыз

tyttö

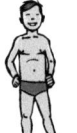

малай

poika

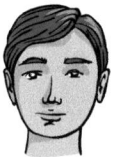

баш

pää

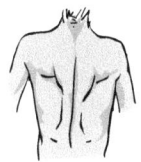

арка

selkä

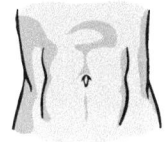

эч

maha

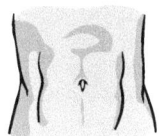

кендек

napa

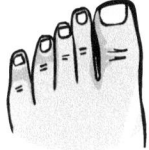

аяк бармагы

varvas

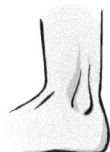

үкчә

kantapää

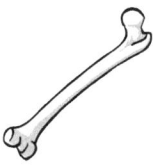

сөяк

luu

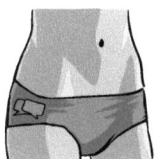

бот

lantio

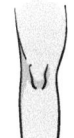

тез

polvi

терсәк

kyynärpää

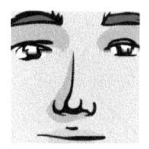

борын

nenä

арт сан

takapuoli

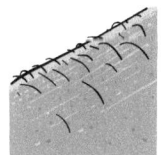

тире

iho

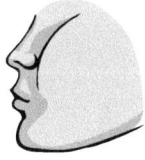

яңак

poski

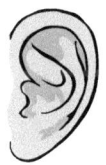

колак

korva

ирен

huuli

авыз

suu

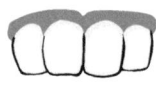

теш

hammas

тел

kieli

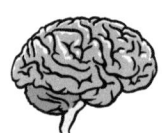

ми

aivot

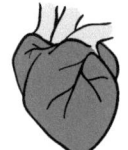

йөрәк

sydän

газлә

lihas

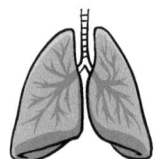

үпкә

keuhkot

бавыр

maksa

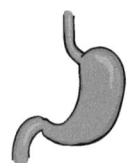

ашказаны

vatsa

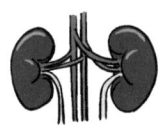

бөерләр

munuaiset

секс

seksi

презерватив

kondomi

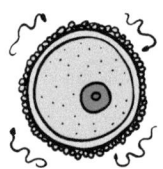

күкәй күзәнәк

munasolu

мәни

sperma

көмән

raskaus

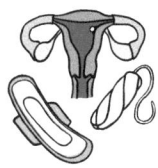

күрем

kuukautiset

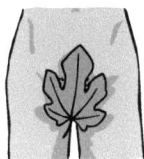

вагина

vagina

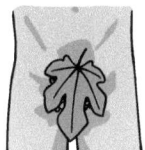

пенис

penis

каш

kulmakarvat

чәчләр

hiukset

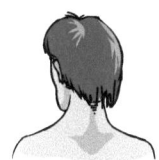

муен

niska

хастаханә

sairaala

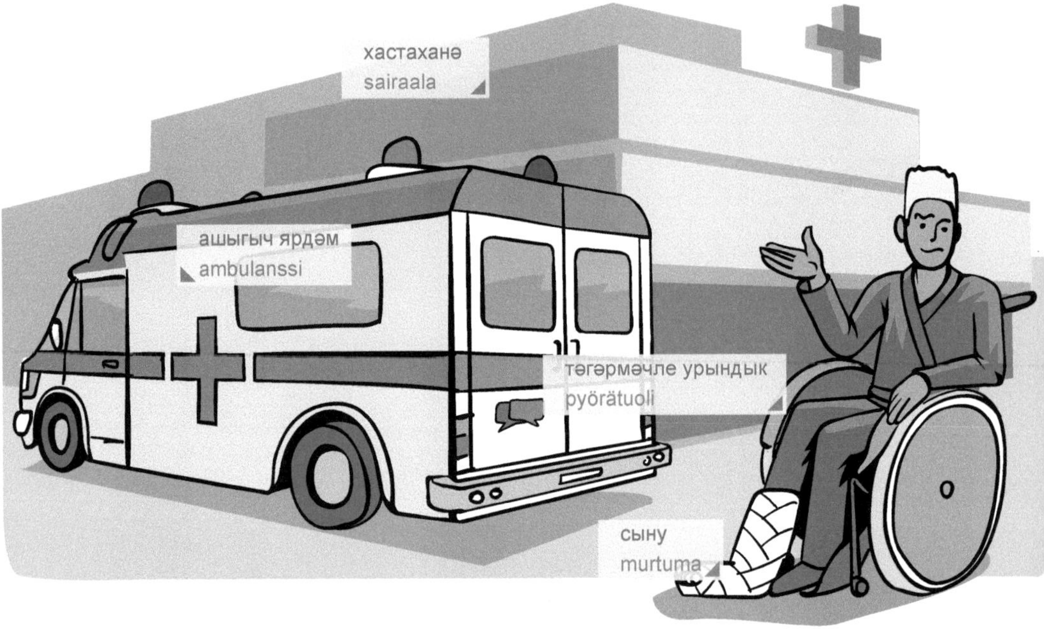

хастаханә
sairaala
ашыгыч ярдәм
ambulanssi
тәгәрмәчле урындык
pyörätuoli
сыну
murtuma

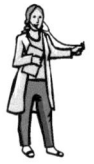

табиб

lääkäri

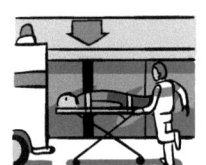

ашыгыч ярдәм бүлмәсе

ensiapu

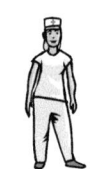

шәфкать туташы

sairaanhoitaja

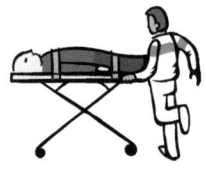

кичектергесез хәл

hätätilanne

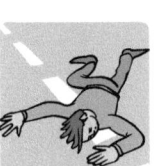

аңсыз

tajuton

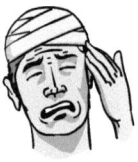

авырту

kipu

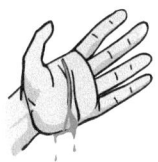

җәрәхәтләнү

vamma

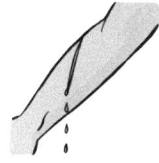

кан агу

verenvuoto

инфаркт

sydänkohtaus

инсульт

aivoinfarkti

аллергия

allergia

ютәл

yskä

кызу

kuume

грипп

flunssa

эч китү

ripuli

баш авырту

päänsärky

яман шеш

syöpä

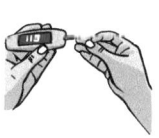

диабет

diabetes

хирург

kirurgi

скальпель

veitsi

гамәлият

leikkaus

CT
ct

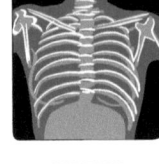

рентген
röntgen

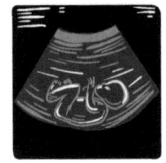

ультратавыш
ultraääni

битлек
maski

авыру
sairaus

көтү бүлмәсе
odotushuone

култык таягы
sauva

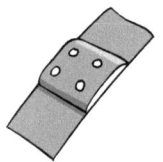

пластырь
laastari

бәйләвеч
side

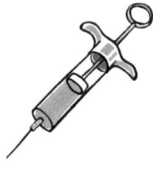

кадау
pistos

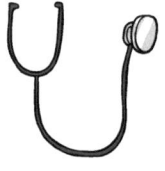

стетоскоп
stetoskooppi

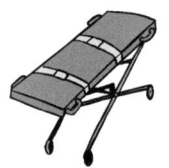

сәдия
paarit

клиник термометр
kuumemittari

туу
syntymä

артык авырлык
ylipaino

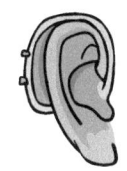

ишетү җиһазы

kuulolaite

дезинфектант

desinfiointiaine

йогыш

infektio

вирус

virus

КИВ / БИДС

HIV / AIDS

дару

lääke

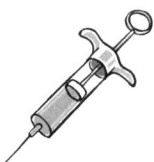

вакциналану

rokotus

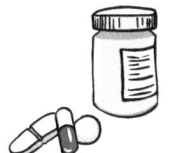

таблетлар

tabletit

контрацептив таблет

pilleri

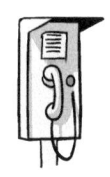

ашыгыч чакыру

hätäpuhelu

кан басымы үлчәгече

verenpainemittari

авыру / сәламәт

sairas / terve

хәвеф тавышы

hälytys

һөҗүм

ryöstö

Коткарыгыз!

Apua!

куркыныч

vaara

ашыгыч чыгу

hätäuloskäynti

ут сүндергеч

palosammutin

каза

onnettomuus

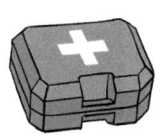

беренче ярдәм букчасы

ensiapulaukku

SOS

SOS

полиция

poliisilaitos

Аурупа

Eurooppa

Төньяк Америка

Pohjois-Amerikka

Көньяк Америка

Etelä-Amerikka

Африка

Afrikka

Азия

Aasia

Австралия

Australia

Атлантик океан

Atlantin valtameri

Тын океан

Tyynimeri

Һинд океаны

Intian valtameri

Антарктик океан

Eteläinen jäämeri

Арктик океан

Pohjoinen jäämeri

Төньяк котып

pohjoisnapa

Көньяк котып

etelänapa

Антарктика

Antarktis

Җир

maa

коры җир

maa

диңгез

meri

утрау

saari

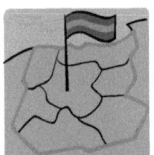

милләт

kansa

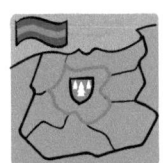

дәүләт

osavaltio

сәгать бите

kellotaulu

сәгать угы

tuntiviisari

минут угы

minuuttiviisari

секунд угы

sekuntiviisari

Сәгать ничә?

Paljonko kello on?

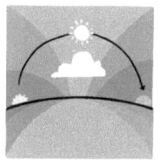

көн

päivä

вакыт

aika

хәзер

nyt

дижитал сәгать

digitaalikello

минут

minuutti

сәгать

tunti

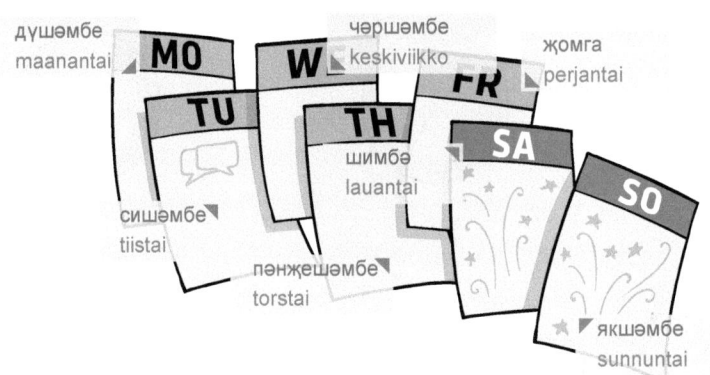

дүшәмбе
maanantai

чәршәмбе
keskiviikko

җомга
perjantai

сишәмбе
tiistai

шимбә
lauantai

пәнҗешәмбе
torstai

якшәмбе
sunnuntai

кичә
eilen

бүген
tänään

иртәгә
huomenna

иртә
aamu

төш
keskipäivä

кич
ilta

эш көннәре
työpäivät

ял көннәре
viikonloppu

яңгыр
sade

салават күпере
sateenkaari

кар
lumi

җил
tuuli

яз
кevät

көз
syksy

җәй
kesä

кыш
talvi

4.APRIL	11°	☀
5.APRIL	4°	🌧
6.APRIL	13°	🌧
7.APRIL	8°	❄
8.APRIL	10°	☀

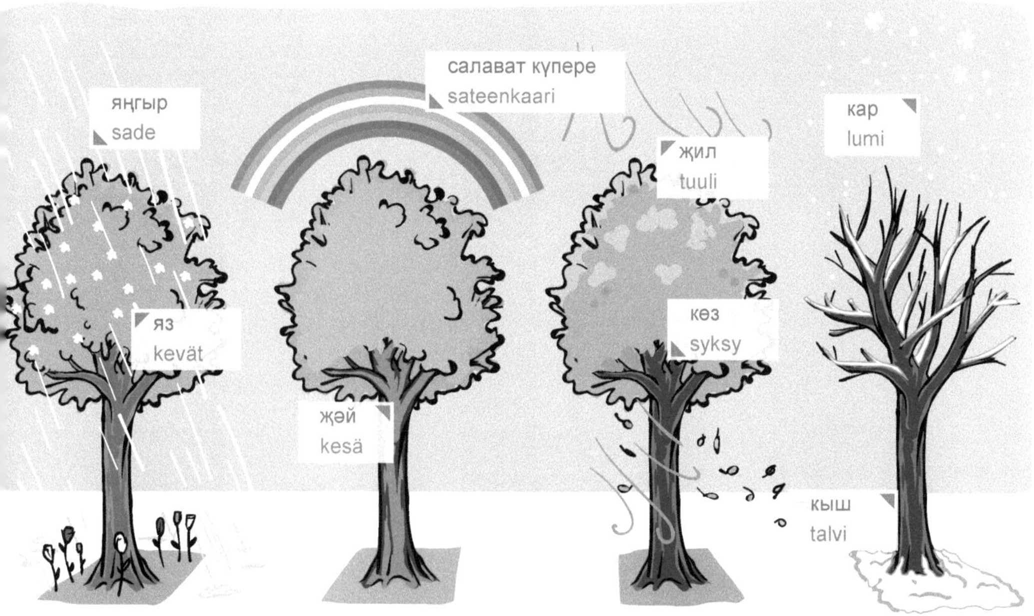

һава торышы

sääennuste

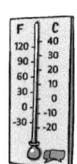

термометр

lämpömittari

кояш яктысы

auringonpaiste

болыт

pilvi

томан

sumu

дымлылык

ilmankosteus

яшен

salama

күк күкрәү

ukkonen

давыл

myrsky

боз

rae

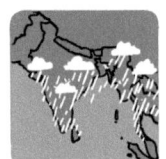

муссон

monsuuni

су басу

tulva

боз

jää

гыйнвар

tammikuu

февраль

helmikuu

март

maaliskuu

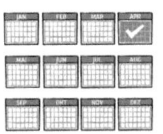

апрель

huhtikuu

май

toukokuu

июнь

kesäkuu

июль

heinäkuu

август

elokuu

сентябрь

syyskuu

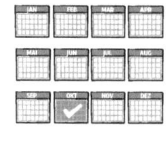

октябрь

lokakuu

ноябрь

marraskuu

декабрь

joulukuu

формалар
muodot

түгәрәк

ympyrä

дүрткел

neliö

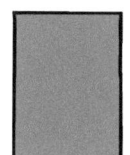

турыпочмак

suorakulmio

өчпочмак

kolmio

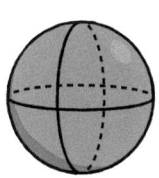

шар

pallo

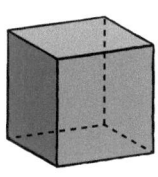

куб

kuutio

ак

valkoinen

сары

keltainen

кызгылт сары

oranssi

ал

vaaleanpunainen

кызыл

punainen

шәмәхә

violetti

зәңгәр

sininen

яшел

vihreä

көрән

ruskea

соры

harmaa

кара

musta

күп / аз

paljon / vähän

усал / тыныч

vihainen / ystävällinen

матур / ямьсез

kaunis / ruma

баш / ахыр

alku / loppu

зур / кечкенә

suuri / pieni

якты / караңгы

vaalea / tumma

абый, эне / апа, сеңел

veli / sisko

таза / пычрак

puhdas / likainen

тәмам / тәмамланмаган

täydellinen / epätäydellinen

көн / төн

päivä / yö

үле / тере

kuollut / elävä

киң / тар

leveä / kapea

ашарга яраклы / ашарга яраксыз

syötävä / syömäkelvoton

яман / яхшы

paha / kiltti

дулкынланган / ялыккан

innostunut / tylsistynyt

юан / ябык

lihava / laiha

беренче / соңгы

ensimmäinen / viimeinen

дус / дошман

ystävä / vihollinen

тулы / буш

täysi / tyhjä

каты / йомшак

kova / pehmeä

авыр / җиңел

painava / kevyt

ачлык / сусау

nälkä / jano

авыру / сәламәт

sairas / terve

канунсыз / канунлы

laiton / laillinen

акыллы / акылсыз

älykäs / tyhmä

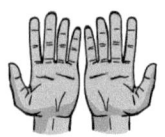

сул / уң

vasen / oikea

якын / ерак

lähellä / kaukana

яңа / кулланылган

uusi / käytetty

һичнәрсә / нәрсәдер

ei mitään / jotain

өлкән / яшь

vanha / nuori

кабыздырылган / сүндерелгән

päällä / pois päältä

ачык / ябык

auki / kiinni

тавышсыз / гөрелтеле

hiljainen / äänekäs

бай / ярлы

rikas / köyhä

дөрес / ялгыш

oikein / väärin

кытыршы / шома

karhea / sileä

күңелсез / күңелле

surullinen / iloinen

кыска / озын

lyhyt / pitkä

акрын / тиз

hidas / nopea

дымлы / коры

märkä / kuiva

җылы / салкын

lämmin / viileä

сугыш / тынычлык

sota / rauha

0

сыфыр

nolla

1

бер

yksi

2

ике

kaksi

3

өч

kolme

4

дүрт

neljä

5

биш

viisi

6

алты

kuusi

7

җиде

seitsemän

8

сигез

kahdeksan

9

тугыз

yhdeksän

10

ун

kymmenen

11

унбер

yksitoista

12

унике

kaksitoista

13

унеч

kolmetoista

14

ундүрт

neljätoista

15

унбиш

viisitoista

16

уналты

kuusitoista

17

унҗиде

seitsemäntoista

18

унсигез

kahdeksantoista

19

унтугыз

yhdeksäntoista

20

егерме

kaksikymmentä

100

йөз

sata

1.000

мең

tuhat

1.000.000

миллион

miljoona

инглизчə

englanti

Америка инглизчəсе

amerikanenglanti

Мандарин кытайчасы

mandariinikiina

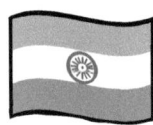

hинди

hindi

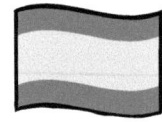

испанча

espanja

французча

ranska

гарəпчə

arabia

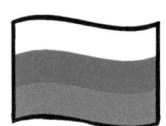

русча

venäjä

португалча

portugali

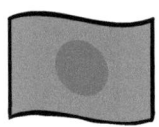

бенгали

bengali

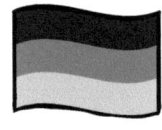

алманча

saksa

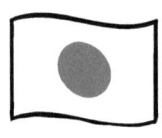

япончa

japani

мин

minä

син

sinä

ул / ул / ул

hän

без

me

сез

te

алар

he

кем?

kuka?

нәрсә?

mitä / mikä?

ничек?

miten?

кайда?

missä?

кайчан?

milloin?

исем

nimi

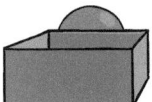

артта

takana

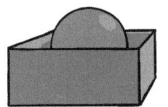

эчендə

sisällä

алда

edessä

өстендə

yläpuolella

өстенə

päällä

астында

alapuolella

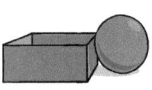

янында

vieressä

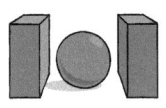

арасында

välissä

урын

paikka